好好说话 天天高兴

高 兴 ◎ 著

中华工商联合出版社

图书在版编目(CIP)数据

好好说话，天天高兴 / 高兴著. — 北京：中华工商联合出版社，2023.5

ISBN 978-7-5158-3635-5

Ⅰ.①好… Ⅱ.①高… Ⅲ.①语言艺术—通俗读物 Ⅳ.①H019-49

中国国家版本馆CIP数据核字(2023)第057785号

好好说话，天天高兴

作　　者：	高　兴
出 品 人：	刘　刚
责任编辑：	胡小英　楼燕青
装帧设计：	胡志远
责任审读：	付德华
责任印制：	迈致红
出版发行：	中华工商联合出版社有限责任公司
印　　刷：	香河县宏润印刷有限公司
版　　次：	2023 年 8 月第 1 版
印　　次：	2023 年 8 月第 1 次印刷
开　　本：	710mm×1000mm　1/16
字　　数：	200 千字
印　　张：	13.5
书　　号：	ISBN 978-7-5158-3635-5
定　　价：	58.00 元

服务热线：010—58301130—0（前台）
销售热线：010—58302977（网店部）
　　　　　010—58302166（门店部）
　　　　　010—58302837（馆配部、新媒体部）
　　　　　010—58302813（团购部）
地址邮编：北京市西城区西环广场 A 座
　　　　　19—20 层，100044
http://www.chgslcbs.cn
投稿热线：010—58302907（总编室）
投稿邮箱：1621239583@qq.com

工商联版图书
版权所有　侵权必究

凡本社图书出现印装质量问题，请与印务部联系。
联系电话：010—58302915

序 言

我们每天的生活都离不开说话，跟家人说话，跟同事说话，跟领导说话，跟下属说话，跟陌生人说话……但如何才能把话说到别人的心坎里，却是需要学习的。《名贤集》中有"良言一句三冬暖，恶语伤人六月寒"的说法。可见，如果话说得好，大家就能感受到温暖；反之，不会沟通不但无法让人开心，还会引起不必要的误会，甚至伤害到别人。

人与人之间沟通的目的主要是达成自己的目标或解决某个问题，所以，学会沟通实际是学习一种强大的为人处世的能力和解决问题的能力。

叔本华曾说："人就像寒冬里的刺猬，互相靠得太近会刺痛彼此，离得太远又会感到寒冷。"人生在世，我们总是不可避免地要与许多人产生联系。如何把握彼此的距离，考验的不仅是能力，更是情商。好好说话不但是一种能力，更是一种魅力。这种魅力能够让你与别人的沟通变得更加顺畅，让联系变得更加紧密，让关系变得更加融洽。而跟人沟通，恰恰是每个人最基本的生理和生存需求。

良好的沟通能力，不但能让一个人充满魅力，还能让他的目标得以实现。尤其在遇到危机的时候，我们可以通过沟通化危为机，并在人群中树立威望。

那么，沟通高手都拥有哪些沟通特点呢？

首先，他们具备良好的思维模型和底层逻辑。比如：强者思维、利他思维、合作思维与结果思维。他们能够根据具体的环境，判断哪一种反应对自己有利，对别人也友好，然后以此思维为基础去和他人进行有效沟通。

其次，他们具备营造氛围和掌控情绪的能力。比如，他们懂得倾听比滔滔不绝更重要，并且具备很强的同理心，会运用高级共情能力和赞美之道让说出的话变得得体，最后与别人产生更多连接，拓宽自己的人脉。

最后，他们知道沟通的最终目的是让结果落地。无论是在职场上还是营销的时候，通过巧妙提问、精准说服、动员激励和向上管理收获自己希望的结果。

这些特质归纳起来，可以看出，真正的沟通高手就是在了解自己、了解别人、了解人性的基础上，通过恰当的反应来与各种关系进行互动。沟通一定是相互的，如果只是一厢情愿地展现自己内心的想法是远远不够的，还应该更好地认知对方，学会站在对方的角度考虑问题，懂得换位思考，做到和对方共赢，才能让沟通变得顺畅，最终实现沟通的目的。

在多数人的理解和认知中，沟通追求的是如何巧妙地达到个人目的、扩展人脉，但我希望沟通的底色应该是"诚恳和开心"。因为，人与人的沟通交往，技巧固然需要，但诚恳而不失礼貌的基调却更加重要，因为没有心机的语言最能打动人，不带贬损的沟通最能赢得人的尊重，能替别人考虑的表达最让人舒心。有时候，用一些技巧短时间内可能会获得所谋求的东西，但真正长久且良好的关系一定是建立在"好好说话"和让人"天天高兴"的基础上的。

本书共分为 5 章，介绍了 20 个沟通场景，并提供了具体的案例和方法，包括怎样与陌生人破冰、怎样倾听、如何向上沟通、自我介绍、说服别人、有效批评、科学建议等。这些场景中的沟通方法可以融会贯通，以应对各种各样复杂的沟通场景。

最后，祝愿你也能拥有让自己和别人都高兴的沟通能力。

目 录

第一章 让你"慧"说话——好好说话必备的思维模型

第一节 强者思维 / 2

    一、弱者思维的表现，你有吗 / 4

    二、具备强者思维的人如何面对不同的声音 / 8

    三、追求成长，而不是为了证明"自己是对的" / 11

第二节 合作思维 / 14

    一、建立合作思维的五条建议 / 17

    二、面对批评如何正确反馈 / 19

    三、合作思维下的冲突处理 / 22

第三节 利他思维 / 25

    一、利他沟通的三个基础 / 28

    二、拥有利他思维的沟通层次 / 29

    三、利他最终实现价值互换 / 31

第四节 结果思维 / 33

　　一、为什么你没有结果 / 34

　　二、别拿这些冒充结果 / 36

　　三、如何让结果发生 / 38

第二章　让你有魅力——沟通高手就是会营造氛围

第一节 结构倾听 / 44

　　一、All ears，打开耳朵聆听 / 47

　　二、Hearken，打开身体去听 / 48

　　三、Ask about，打开嘴巴去听 / 51

第二节 高级共情 / 52

　　一、安静地听对方说完 / 55

　　二、复述对方说过的话 / 56

　　三、表达你的感同身受 / 57

第三节 赞美之道 / 59

　　一、具体、具体、再具体 / 61

　　二、对比、对比、再对比 / 64

　　三、借力、借力、再借力 / 65

　　四、意外、意外、再意外 / 67

第四节　闲聊秘籍 / 69

　　一、开口三板斧 / 73

　　二、闲聊三无原则 / 74

　　三、指令三步走 / 77

第三章　让你拿结果——商业表达就是让结果落地

第一节　巧妙提问 / 80

　　一、不同提问类型的优劣 / 81

　　二、"三心二意"的内功心法 / 83

　　三、解决问题的基本招式 / 85

第二节　精准说服 / 91

　　一、解密说服技术的底层逻辑 / 92

　　二、说服的关键是引发共鸣 / 95

　　三、如何利用"两个承诺" / 99

第三节　动员激励 / 100

　　一、激励之前的五个原则 / 102

　　二、动员激励的四个步骤 / 106

第四节　向上管理 / 108

　　一、请示给选择 / 110

　　二、汇报要及时 / 113

三、报告九要诀 / 114

四、反馈讲氛围 / 116

五、检讨重态度 / 118

第四章 让你树威望——学会沟通能化危机为转机

第一节 有效批评 / 122

一、不在公共场合批评 / 124

二、对事实了解清楚 / 125

三、善用鼓励式批评 / 126

四、批评的核心目的是解决问题 / 127

五、如何正确接受批评 / 128

第二节 科学建议 / 129

一、如何正确地提建议 / 130

二、不同的人建议不同 / 132

三、科学建议通用步骤 / 134

第三节 道歉检讨 / 136

一、显性错误的沟通步骤 / 138

二、隐性错误的沟通修复 / 142

三、领导犯错如何处理 / 143

第四节 自如地拒绝 / 146

一、拒绝不健康的"个人边界" / 148

二、如何守护个人边界 / 151

三、有效拒绝的三个建议 / 153

第五章 让你创品牌——公众演说让你拥抱影响力

第一节 如何做介绍 / 158

一、MTV 法则——轻松场合的自我介绍 / 159

二、"三名、志、帮、祝"——正式场合的自我介绍 / 164

三、如何介绍别人 / 165

四、如何介绍产品 / 166

第二节 即兴发言 / 168

一、黄金三点论 / 170

二、小中大套娃 / 173

三、时间线推进 / 174

四、空间结构法 / 175

五、三问三答法 / 176

六、因果分析法 / 177

第三节 故事营销 / 178

一、如何有效组织案例 / 181

二、三幕戏方式分享故事 / 182

三、故事的画面感和符号运用 / 184

四、"三五法则"塑造精彩故事 / 186

第四节　公众演讲 / 189

　　一、巧用开场白 / 191

　　二、明确自己的演讲目的 / 195

　　三、与众不同的自我风格 / 197

　　四、"一二三四五法则" / 199

　　五、先感动自己，再打动别人 / 201

第一章

让你「慧」说话
——好好说话必备的思维模型

第一节　强者思维

一个具有天才的禀赋的人，绝不遵循常人的思维途径。

——司汤达

人和人很大的不同体现在思维的差异上。强者思维是一种以新角度看世界的方式：凡有发生必有利于我！把生活看作训练场，无论是学业、工作、生活还是感情，都把它看成一个不断训练自己的过程。走出受害者思维，把看似被动接受和无力变成主动选择和改变。

具备强者思维的人总想着怎样把自己的事情做好，而不会过多地关注面子和自尊。而拥有弱者思维的人在与他人沟通的时候会想着"谁谁谁说了什么，是不是又在针对我""你看隔壁的同事是不是在说我坏话"，他们永远沉浸在自己的自尊和情绪当中，没有办法真正发挥潜力和自我成长。想要成为强者，一定要学会关注自身、忘掉情绪，哪怕别人对你劈头盖脸地骂了一通，你也要从别人骂的这些语气中剥离出对你有用的信息，从而帮助自己更好地成长。

有一个案例：

一个孩子在家里不想穿袜子，总是光脚跑来跑去。爸爸担心他会着凉，于是天天吼孩子。说得轻，孩子假装听不到；吼得厉害，孩子就会反抗爸爸说"这不公平，你不爱我，总是说我"。爸爸没有更好的方法，觉得是孩子不听话，在挑战家长的权威。终于有一天，没有管理好自己情绪的爸爸动手打了孩子。然而，这样做并没有收到好的效果，孩子不穿袜子的习惯依然没改，而爸爸却觉得自己像一个弱者，既没有达到预期的目的，也没有赢得和孩子好好沟通的机会，还让孩子觉得自己的爸爸不像超人，反而像一个坏蛋。

我们常说，只有心智不成熟的人才会喊"不公平"。比如，小孩子遇到一点点挫折就会喊"这不公平"，因为小孩子没有更多的办法来处理问题，所以只有号召公平。假如是一个成年人并且拥有强者思维，在对话的过程中不追求公平，反而追求怎么能够更好地解决问题，会思考怎么为对方和自己谋求更好的福利。而不是说你惹怒了我，我需要寻求公平，这往往是弱者的表现，说明自己没有更好的办法去解决这个问题。

在上面的案例中，如果爸爸拥有强者思维，又该怎么处理这个问题呢？当孩子说出"这不公平，你不爱我"的时候，爸爸先要试着理解孩子的情绪，应该说："爸爸知道你心里不好受。可能爸爸妈妈之前对你的关心真的太少了，对你的理解不够。那爸爸今天有时间坐在这里，你愿意和爸爸谈谈吗？告诉爸爸，你为什么喜欢光着脚呀？"这样的沟通才是有效的，才能让孩子感觉到爸爸真的爱自己。所以，学会掌控自己的情绪是一件非常重要的事，这也是拥有强者思维的人才能做到的。

什么才是真正的强者思维，我们怎样才能学会拥有强者思维呢？

一、弱者思维的表现，你有吗

想要知道什么是强者思维，就要明白什么是弱者思维，看看自己身上有没有这些表现。

1. 对新事物挑剔或瞧不起

对于任何事，拥有弱者思维的人都会习惯性地发表一些马后炮的言论，总觉得自己什么都懂，但实际上他们对某些事物或产品缺乏足够深入的了解。他们拒绝深度思考，对于新鲜事物大多持批判态度，却忘记了任何新鲜事物都是我们个人发展的助推工具，一旦运用得当，就能起到事半功倍的效果。例如，有的年轻人入职工作节奏缓慢的单位，总会觉得自己在那里格格不入，每天一张报纸、一杯茶的生活很颓废。他很看不起每天除了唠家常，就是各种抱怨的老员工。他觉得早八晚五的生活非常枯燥。他的想法看上去很积极，有一种年轻人该有的样子，但是他始终停留在看不起上，自始至终都不知道外面的世界是怎样的，不知道真实的竞争是怎样的。

2. 总有受害者心态

总觉得别人要害自己，就是在内心中先承认了自己是弱者，自己没有主体性，自己会被予取予夺。可能你实际上已经变强了，但是还未看到自己的强大，还不相信自己的强大，脑子里在运行的仍旧是"我很弱，我会被害"那一套旧程序。旧程序与现实不匹配了，就要及时清理。

拥有弱者思维的人总是害怕自己被坑，因为他不相信自己的能力，总有受害者心态，他觉得自己的命运掌握在别人手里。当一个人觉得别人会坑骗自己的时候，就应该摸摸自己的兜里有什么，看看别人能够骗走什么。如果没有，那还担心什么呢？说白了，就是输不起，害怕输，不敢输，不自信！例如，很多人一听到哪里有讲座，第一时间会想到"会不会是骗人的"。近年来，自媒体行业十分火爆，有调查数据显示，有人轻轻松松月收入过万。那些拥有弱者思维的人马上会说："这些数据一定不是真实的，哪能那么容易赚钱呢？无非想骗更多的人入驻平台罢了。"于是，他就会在贴吧里说这个平台太黑了，那个平台都是偏向机构的，总之没有一个人说是自己不行的，更不会去想那些赚了钱的人是靠什么赚钱的。

例如，一个男人进入一家新公司，因为工作不认真、能力差，又爱聊八卦，公司将他辞退了。他说："什么破公司，容不下我这种人才。"别人问："你有什么才？"他却回答不上来。但是，他会说："虽然我没有什么本事，但是如果遇到一家好公司，我的潜能就会被激发出来。"

又如，女人揪了一把自己腰间的赘肉，说道："我最近胖了。"丈夫说："好像是有点。"女人便大叫道："都怪你！"丈夫懵了："这和我有什么关系?""要不是你,我就不会生这么多气;不生这么多气,就不会暴饮暴食;不暴饮暴食,就不会发胖。"把所有的问题都向外归因,这就是弱者思维。

这就是典型的"受害者心态",而且这种心态跟情绪紧密相连,在现实中很多人都有。例如,经常听到有人抱怨"都是孩子气得我肝都疼""都是老公回家不做家务装大爷,我才气不打一处来的""都是老板太苛刻,老让加班还不给加薪水"……

3.总觉得自己低人一等

常见的拥有弱者思维的人,在群里很多时候不敢讲话;开会时,内心有不同的声音也不敢直抒胸臆;朋友间,不当面表达看法和意见,而选择背后议论;参加读书会时,看到别人抢麦,自己就是张不开嘴表达;工作中,遇到比自己能力强的人就觉得自己不如别人,开始自我否定;家庭里,一边觉得不满一边合理化自己的情绪,得过且过,忍气吞声;遇到冲突时,相互指责抱怨,而不是直面问题,努力参透背后的核心;事情发生后,一味地自责,陷入"受害者"漩涡中不能自拔;被别人指出缺点时,先是一通回击,然后马上缩回触角,落荒而逃……

4.总被情绪牵着走

很多人不会沟通或者一开口就夹枪带棒,让人听着不舒服,他们往往不是不会说话,而是不会管理情绪。总是带着一股子怨气,又怎么能说出悦耳的话呢?在生活中,我们经常见到这样一类人,他们总是被情绪牵着走而无法自控。我们也经常听到这样的说法:什么道理都明白,自己就是做不到；可以教导别人，却不能让自己情绪平稳；冷静的时候都可以想通，情绪一来却慌乱如麻……其实这都是对情绪无法感知造成的。

在我的课堂上，经常有学员提出这样的困惑："为什么情绪来的时候我没办法，而且不知道情绪什么时候会来？"其实，每个人都经历过这种困惑，无缘无故就会被情绪裹挟。

5.听不得任何批评

很多人之所以听不得任何批评，就是因为他们心里更重视那个"我"，而不是改变的可能性。这样的人虽然有可能成为世俗意义上的好人，但他们在到达一定的境界后就很难升华了，因为他们拒绝了改变的可能性。

有一个刚毕业走上工作岗位的大学生，他做的方案其实还不错。有一天，主管对他说："你做的方案如果能在预算方面提升一些就更好了。"这个大学生一听，便找各种理由来解释。主管说："我并不是说你做的方案不行，我是希望你能更完善和全面一些。"这个大学生之所以有这样的反应，还是源于内心的自卑，觉得自己是一个"弱者"，想找理由去解释，而不去想着接受批评建议、提升自己。听不得批评是多数不具备强者思维的人的通病。他们一听到批评，就会本能地认为别人是在挑剔自己，而不会想到自己需要成长。

以上几点就是弱者思维的表现，一旦出现了这些"症状"，就相当于给自己戴上了"弱者"的保护罩，以至于自我沉溺。真正的弱者都是不愿意改变和成长的。如果你想要变成拥有强者思维的人，其实并不难，首先要摒弃以上几种思维。

二、具备强者思维的人如何面对不同的声音

具备强者思维的人往往都戒掉了"玻璃心"，就像乔布斯所说的那样，与高手打交道不用顾忌对方的自尊心。这不是因为对方没有自尊心，而是因为对方觉得"解决问题"比"面子"重要千百倍。同时，与任何一种关系相处，难免会遭到别人的责难、批评和挑剔。拥有强者思维的人都能很自如地应对。

1. 不做无效回应

面对别人提出的不符合自己预期的问题，不会争辩，更不会针锋相对，而会本着解决问题的原则去处理问题，看看对方想表达什么、是不是有利于自己成长。《经济日报》的一篇文章[1]指出，新东方转型做直播是赚快钱，且新东方的老师对于农产品并不了解，还存在经营风险，语言可谓尖锐。大家都知道，自从"双减"政策出台后，新东方的市值缩水几百亿元，俞敏洪已经宣布彻底退出 K12 教育，将教室里的桌椅全部捐赠出去。除此之外，就连招聘网站都不允许发布招聘老师的职位。面对来自权威媒体的"批评"，俞敏洪的回应却恰当得体，值得学习。他是

---

[1] 余颖:《经济日报: 新东方不应照搬李佳琦 挣快钱不是最佳示范》,《中国经济网》2021 年 11 月 13 日。

这样说的:"首先,《经济日报》的记者写的这篇文章并没有针对新东方的意思,也是为了我们日后的生存和发展方向考虑,所以感谢这位记者写的文章。其次,如果新东方真要走直播带货模式,的确需要向带货的行业标杆学习。最后,教育行业布局直播带货并不是想赚快钱,教育不是一个容易做好的行业,直播也不是一件容易的事,需要花大量时间选品和直播。我感谢所有为新东方打抱不平和批判的朋友,我和新东方一定不会辜负大家的期望,我们努力向更成功的经营模式去做。"

这一段回复就显示出了强者思维。首先,俞敏洪没有针锋相对,更没有咄咄逼人,而是心平气和。这就是沟通的最高境界,不带情绪的回应,是一种高度自信的表现。其次,对事不对人,俞敏洪并没有因为记者写了一篇批判性的文章就回击记者没有调查就没有发言权,而是用感谢的态度表达出自己的格局。再次,俞敏洪表现出了一种积极的自我成长的态度,他表示要学习直播技术和选品门道,他从别人批评的声音中听到了对自己有用的信息,显得非常有水平。最后,俞敏洪非常肯定地指出,新东方的转型不是从一个赚快钱的行业到另一个赚快钱的行业,教育行业要做好也是很不容易的,也不认为别人直播带货就是赚快钱,因为很多人只看到了他人成功的光鲜,却看不到他人成功背后付出的艰辛与努力。他也澄清了很多教育机构并不是赚快钱,没有哪个行业赚钱是容易的。尤其最后他对广大网友和记者表达了感谢,化敌为友,没有让自己陷入网络冲突中。

面对批评与指责,要学会分析哪些合理、哪些不合理,而不去做无效回应。

2. 拒绝被动承受

什么是被动承受？就是当别人批评或指责的时候不做任何反驳，什么都忍着，嘴上说着"好好好，行行行，没问题"。但这样的人往往容易憋出"内伤"，过了两天气不过，还会找人争吵。老板批评你工作不用心，你立刻说"我知道了，我马上改"；妻子抱怨你体形偏胖，你立马迎合"是的，我太胖了，真不敢想象你怎么能容忍我"。采取这种回应方式的人普遍抱着一种避免冲突、息事宁人的心理。的确，当批评者发现无法激怒你，毫无趣味性可言时，会识趣地走开，但这种优势是暂时的。从长远来看，你会发现很多批评者喜欢瓮中捉鳖，他们会得寸进尺，三番五次地肆意抨击你，因为他们知道能从你这里得到歉意或认同，你的反应让他们产生了唯我独尊的感觉。并且，你虽然表面接受，但内心依然会委屈，脑海中依然会想要辩驳，这种负面情绪长期压抑在心底，会让人变得忧郁、懦弱、自卑，严重影响一个人的身心健康。所以，拥有强者思维的人是不会被动接受的。

3. 承认并积极沟通

承认是一种有效的沟通方式，你说得对，我就会去改。当你承认对方的批评的时候，就代表被批评这件事结束了。如果你觉得对方讲得并不完全正确，那么你不需要争论，可以选择部分同意，这意味着如果真的按照对方所说的去做，就会有这种可能，这样谈话就结束了。另外，我同意你说的，咱们做事的原则就是公开、透明，你说的没问题，谢谢你能开诚布公地对我讲出来,对我有很大帮助。如果你真的不接受、不能理解,不知道对方批评你是怎么回事,也不用去做自我保护性的反驳,而要带着探究的心理去问问对方:"你觉得我做的事不对,是哪部分不对?我可以就这部分努力改进一下。"对方看到你的态度,就会愿意跟你继续深入探讨,这样问题不就解决了吗?

三、追求成长,而不是为了证明"自己是对的"

有一条我非常信奉的价值观:成长大于成功,没有人能一直成功,但每个人都可以一直成长。这才是真正的强者思维,不是总想着如何去证明"自己是对的",而是时刻想着自己能不能提升和成长。

我认识一位天使投资人,既认知高远又具备商业头脑。和他交谈两个小时,信息量大到在后来的几天时间里,我都在不断地回味他说的一些观点。因为在和他交谈的过程中,我们每说出一个想法,他就能够立刻找出痛点,三下五除二把那些项目外面包裹得层层叠叠的美好愿景拆成一句话,让人醍醐灌顶。以至于谈话结束之后,我的脑海中不断地涌现出乔布斯说过的一句话——"和聪明的人交往不需要考虑他们的尊严"。这位天使投资人说之前自己也没有这样的强者思维,是一步一步成长起来的。在创业初期,团队成员之间都是好朋友,在合作过程中却发现每个人的自尊心都很强,都不甘心被自己的朋友领导,情绪一上来就没有办法就事论事了,在内部沟通上花费了很大的精力。另外,强者之所以可以变强,是因为他们关注自己的成长多于捍卫自己的面子或者想方设法地证明自己没错。强者并不是没有自尊心,而是知道做正确的事情比证明自己做的事是正确的更重要。只有拥有开放的心态，别人才能在你做得不对的时候毫无心理负担地提出改进的意见和建议。如果你能和这样一群人共事，大家才能够把所有的精力都聚集在如何向前发展上，而不是浪费在情绪消耗上。

那么，如何才能实现自我成长呢？

1.觉察自己是成长的开始

提到"觉察"一词，很多人会觉得很迷惑，不知道什么才是真正的觉察，或者说不知道如何去觉察。

举一个最简单的例子：如果一个正在气头上的妈妈动手打了孩子，看到孩子哭泣的样子就能立刻意识到自己是在犯错误，是在受情绪控制伤害孩子，能够马上停下来，不再让暴力演得更激烈，给孩子造成更大的伤害，这就是觉察。又如，夫妻之间由于某件事或某个观点没有达成一致，争吵得越来越激烈，牵扯出来的陈年往事越来越多。这时，如果任何一方能够发现这件事情已经从原来的讨论上升到了争吵，并且能够马上告诉对方要停止，从而避免更大的冲突，这就是觉察。又如，当下属看到领导快要生气的时候，立刻选择闭口不谈，这就是觉察。

所以，在我看来，觉察最终的结果或目的是，当你觉察到自己的情绪时，你就不会受这个情绪所控制了，这就好像有另一个你站在旁边，告诉你，你现在在愤怒、在伤心。这很神奇，这个时间也许只有几分之一秒，但随后情绪对你的控制力就减弱了。如果多加练习，你就不会被情绪所控制了。如果你能够深入地去觉察，就会发现情绪的深层次原因，比如愤怒是因为你恐惧，冲你发火的爱人其实是在害怕……当你明白了情绪的深层次原因后，你就会更容易接纳自己和他人。

2.改变自己而不要试图改变别人

有这样一句话："改变自己是神，改变别人是神经病"，在戏谑之中别有一番对生命互动的睿智和严肃。无论是在爱情中还是在生活中，无论是对爱人还是对家人，其实都是一样的道理。

在生活中，大部分人都试图改变别人。丈夫想按照自己的意愿来改变妻子，妻子想按照自己的想法来改变孩子，做媳妇的希望婆婆能成为自己想要的样子，做婆婆的总认为媳妇不按自己的标准去做……总之，大家都不厌其烦地想要改变别人，而鲜有人意识到改变别人是一件多么难办又糟糕的事情。只有改变自己才是最重要的，也才是有意义的。

3.持续的学习力

活到老学到老，或者说是学到老活到老。不是我们学不学的问题，而是如果我们想要活得更好，跟上时代的步伐，就得不断地接触新的事物。

这是一个瞬息万变的社会，每个人都会面临很多新事物，看问题的视角也需要不断发生变化。要想在这个多变的社会中跟上节奏，唯有学习。当父母的需要不断学习教育知识，才能应对智力超前发展的孩子；当领导的需要不断学习管理知识，才能应对日益难以管理的新型企业和员工；当员工的需要不断学习专业知识，才能实现一个萝卜盯一个坑；当妻子、当丈夫的需要不断学习爱的知识，才能在这个人人崇尚个性与

好好说话，天天高兴

自由的时代经营婚姻、维护家庭……可以说，学习的路才是成长的路，学习是成功的助推器。学习的知识越多，看问题的角度越多，与人沟通也就更能站在对方的立场上考虑问题，表现出来的就是个人的不断成长，而具备强者思维的人无一不是具备强大学习力的人。

重点回顾

（1）弱者思维的表现：对新事物挑剔或瞧不起；总有受害者心态；总觉得自己低人一等；总被情绪牵着走；听不得任何批评。

（2）具备强者思维的人如何面对不同的声音：不做无效回应；拒绝被动承受；承认并积极沟通。

（3）追求成长，而不是为了证明"自己是对的"：觉察自己是成长的开始；改变自己而不要试图改变别人；持续的学习力。

第二节　合作思维

天时不如地利，地利不如人和。

——孟子

所谓合作思维，是指建立在开放、包容、共赢认知基础上的思维状态，它承认个人能力的局限性，理解团队协作的优越性，并且能够统揽全局、兼顾各方。在实际生活中，我们会发现与有些人交往起来会很愉快，跟他们在一起你会感觉到很舒服；但与有些人交往起来总感觉别扭。原因何在？关键在于那些使我们感到舒服的人懂得"与人合作"，而那些使我们感到别扭的人却恰好相反。人类是群居动物，在科技文明高度渗透的时代，没有人可以离开其他人而独活。就一个人的生存和发展而言，个人能力是极其有限的，用外部资源延展个体机能是每个梦想成就者必然面临的抉择。合作的目的就是实现创造性的成果。

例如，在工作中，面对领导的批评，既不知道如何说服领导，也不知道如何表达自己的真实想法，最终导致的结果是，你给出的答案不是领导想要的，领导想要的目标你却达不到。又如，在家庭中，面对妻子的误会，不知道怎么安慰妻子，跟妻子讲道理似乎更严重，沉默不语也不行。这样的例子有很多，当出现了沟通上的障碍以后，双方都会陷入痛苦中，甚至会带来关系的恶化。这些都是非合作思维惹的祸。如果一个人拥有合作思维，那么他就会把双方的合作关系视为前提，想方设法弄清楚对方的想法，用对方乐于接受的方式，影响对方改变思想和行动。

让我们来看一个案例：

公司业务部的小楠工作已经三年了，一直很努力，工作能力也很突出，受到领导的器重，第三年还晋升为业务部经理。这本是一件值得庆贺的事，但小楠却高兴不起来，因为自从他当上了领导，部门里的四个业务员走了三个,他这个小领导快成"光杆司令"了。原来,他为了烧好新官上任的三把火,在部门里提出了项目改进,并且要求每个人提出建议。最后,他并没有采纳其他人的建议,而是按照自己的工作经验,把自己的观点强行灌输给同事。大家都觉得新经理太强势,从来不认可别人的观点,大家自然不愿意待在这样的部门里,于是纷纷选择了辞职。

领导找到小楠,对他说:"在公司里,再小的项目也不可能由一个人完成,同事相互之间的协同合作非常重要。但是,每个人都有自己的立场和观点,如何让每个人既能发挥自己的特长,又能保持团队良好的合作呢?这就需要用到合作思维,而不仅仅是领导思维。工作能力再强的人如果没有团队合作,也无法做出更大的成就。"

小楠终于意识到自己的问题所在,要想带好一支小团队,仅靠自己是不行的,还需要发挥每个人的能力。他决定好好学习一下合作思维,在沟通问题、提出观点时不再那么强势和武断。

拥有合作思维的人,不管在什么情况下,总能第一时间想起:"我们是合作关系,我需要为对方做什么呢?"于是,他们就会去做,而不会先考虑自己优不优秀。有些人很会共情,有些人却做不到共情,答案就在这里——合作思维。当你把对方当作敌人,心里抗拒他、排斥他时,你对对方的痛苦就无法做到共情。当你没有合作意识时,你的脑海里只有自己的目标,那么对方的情绪就会成为你达成目标的负担和障碍。当我们拥有了合作思维后，我们的姿态也就变了，变得从容、平等，这样才能在老板、客户、同事、家人身上自然而然地发挥自己的影响力。

那么，合作思维都有哪些体现呢？

一、建立合作思维的五条建议

1. 要有合作的意识

当意见出现分歧时，出于防范意识，大多数人习惯于竞争，认为自己要赢就要打败对手。当人们遇到冲突时，更容易陷入情绪中，剑拔弩张，而忘了可以暂停下来，思考其他更好的解决方法。如果拥有合作的意识，就会帮我们走出思维定式，从全新的角度分析问题，从而找到更好的解决方案。在开口说话之前，重要的是必须了解问题所引起的冲突是属于自己的。这样一来，我们就会把心态调整为"我要解决问题而非制造问题"，减少对方采取防卫反应的可能。当你清楚地表达了自己的立场后，接下来就要找出想要圆满地解决这个问题，自己的伙伴需要满足哪些需求。一方面，要在合作中让对方感受到公平；另一方面，关心对方能让双方更友好地交流。如此才能找到双方解决问题的基础，达成解决问题的共识。

2. 多给别人说话和展示的机会

在生活中，很多人之所以不讨人喜欢，不能给人留下良好的印象，是因为他们不能耐心地倾听。心理学研究表明，越是善于倾听的人，与他人的关系就越融洽。因为倾听本身就是褒奖对方讲话的一种方式，你能耐心地倾听对方的讲话，等于告诉对方"你是一个值得我倾听的人"。所以，想要让别人喜欢你，首先要做一个好听众，并随时鼓励对方开口。每个人都有自己的强项和弱项，让大家都有机会展示自己，发挥自身的优势，当一个人的成绩得到团队成员的认可后，可以增强他的成就感，使之更愿意融入团队合作之中。在遇到问题时主动咨询他人，也能体现出对他人的尊重。

3. 尊重不同人的思路和观点

每个人的成长环境不一样，由此形成的思维观点和生活方式也不一样。一个真正有修养的人不会固执自己的想法，而会尊重别人的见解和看法。不允许别人与自己的观点背道而驰，其实是一种自私的表现。每种思考方式都有其存在的价值，比如，有人喜欢分析，有人擅长思考创意，有人善于组织，要让每种思考方式都有其生存空间。

4. 接纳冲突，不要和稀泥

如果遇到不同的观点和立场，不要一味地附和，也不要搞一言堂，而要让大家畅所欲言。在创业初期，几个骨干在一起探讨企业发展，人人都要表达立场和观点，哪怕争得面红耳赤，最终好的方案就在这种人人都能说话、人人都不会排斥不同意见的氛围中产生。当团队成员之间产生不同的想法时，如果开诚布公地互相质疑，则可以更早地发现问题、控制风险。这需要团队成员在相互尊重的基础上摆正心态，愿意接纳不同的观点，同时遵守一些法则，比如，不要评判个人，反对的是一个想法而非表达想法的人，让每个人的观点都被倾听，避免产生输赢的观念。

5. 鼓励"头脑风暴"

在遇到问题时，通常会组织团队成员进行头脑风暴，让大家尽可能多提想法，获取更多的创意。在进行头脑风暴时，不用纠结大家提出的想法是否有效，头脑风暴可以激发更多的联想，更多的想法意味着更多的创意，说不定有人会把某个不切实际的想法变成现实。当然，之后还要对这些想法进行筛选和评估，但在这个阶段可以只关注数量，不考虑质量。在团队中，只有形成良性沟通的氛围，充分发挥每个人的优势，调动每个人的积极性，才会更容易达成团队的共同目标。

二、面对批评如何正确反馈

拥有合作思维的人，不仅能够建立起合作思维，而且能够对批评的声音进行正确和科学的反馈，以此促进更多的合作。从合作思维的角度来看，批评也具有积极意义。当你在工作中犯错，被批评指正时，记住这句话——合作就是一切的前提。如果我们的共同目标是实现公司的成长，那么每个人的批评和建议一定是基于过往的职业经验。当你拥有了这种合作思维后，你就会去思考对方想要告诉自己什么，而不会一味地认为那只是针对自己的批评，并把这当成一次学习与成长的机会。如此，你就会变得从容，你会不慌不忙地接受对方的建议，并与其进行探讨，这样你就找到了你们之间工作默契的配合点。

生活中也是如此，批评不是为了否定某个人，而是通过批评让对方意识到问题，让问题得到妥善解决。在此过程中，双方可以坦然接受，感受到彼此是平等的，这样才有利于后续的合作。

具体有哪些正确方法来面对批评呢？

1. 用事实说话

批评的出现往往来自情绪抵触，所以，正确的回应要区分哪些是事实、哪些是观点。例如，"你这个人办事不靠谱"是观点，"你今天迟到了半小时"是事实。陈述事实更容易让人接受，而只陈述观点往往是带着情绪盯着错误。当你告诉对方事实以后，再告诉他怎么做、怎么改变，这就将你们之间的交谈引向了合作。例如，孩子总是拿着手机不放下，家长说"你怎么总玩手机"是观点，而说"你已经玩了一个小时的手机，我很担心你的学习，你能先把手机放一下吗？我想和你聊聊天"是陈述事实。合作思维就是要营造一种互相尊重、平等对话的氛围，而不是孰强孰弱。

2. 通过"求助"的方式进行反馈

求助式的反馈也可以说是向对方说出自己的感受，意在向对方传递"我们仍然是平等关系，我在表达我的感受，而不是对你的指责和攻击。请你跟我一起想办法"的观点。这种表达方式会让对方感到被尊重以及有价值感。谁都希望自己有价值——可以帮助自己的队友消解焦虑，这就是价值感的一部分。

例如，妻子抱怨丈夫不关心自己，妈妈抱怨孩子不听话，父母抱怨儿女不结婚，上司批评下属工作没激情……这些都是提要求和发脾气，而不是陈述事实。妻子抱怨丈夫不关心自己，背后的事实是妻子感到孤独,那么可以说"你能抽时间陪陪我吗?我觉得很孤独"。妈妈抱怨孩子不听话,可以针对具体事情对孩子说"宝贝,妈妈希望你按时完成作业,不要总让妈妈催促"。父母希望儿女早点成家,应该说"妈妈希望看到你们早点成家,省得天天记挂"。这样直接"求助"要比提要求和发脾气有效得多。

当我们心情不好或对对方抱有期待的时候,不要"拐弯抹角",而要直接说出来。例如,你可以直接告诉对方"我今天心情不好",这样无论是丈夫还是孩子都能照顾到你的心情,知道你不开心不是因为他冒犯了你,而且还可能帮你更快地从负面情绪中走出来。

3. 以"关怀"的形式进行反馈

每个人无论是在工作中还是在生活中都会面临各种各样的困难,我们并不知道别人的全部,也许这些因素都会影响他们在工作和生活中的表现。在关怀式反馈中,我们关心的是对面这个真实的人,而不仅仅是他的业绩或他是不是有情绪。

试想一个场景:

在外受了委屈的妻子,回到家对丈夫发脾气:"你能不能把你的鞋子摆放好?东倒西歪成什么样子?"

同样心情欠佳的丈夫立刻回嘴:"放那里碍你什么事儿了?"

接下来会发生的事情,要么是激烈的吵架,要么是互不理睬的冷战。但无论什么形式,势必都会影响夫妻之间的感情。假如在妻子进门的时候,丈夫发现她情绪不好,于是关心地说道:"是不是今天心情不好?有什么不开心的跟我说说。我现在就去做饭、收拾屋子，你先休息一下，喝杯水。"妻子听到丈夫这么关心自己，就不会有那么激烈的情绪了。

一个下属走进领导的办公室，他已经很久没有完成月度业绩目标了。如果你是领导，该怎么跟他说这件事呢？如果你不关心这个人，只关心业绩，就会对他说："你的销售业绩已经连续几个月下滑了，你必须想办法提升业绩，否则我不敢确保你的未来是怎样的。"很多管理者习惯于这样表达。收到这样反馈的员工，第二天上班时会踌躇满志吗？如果你对下属充满关心或者具备合作思维，则可以这样说："你的销售业绩已经连续几个月下滑了，一切还好吗？我很担心你，发生什么事了吗？"

三、合作思维下的冲突处理

在《被讨厌的勇气》一书中提及，我们所做的行为都是我们的选择，我们不敢拒绝对方，是因为我们害怕承担后果，害怕应对对方的感受，实则是想做一个好人，害怕破坏双方的关系，其实就是害怕承担责任，这显然是一种非合作的思维，总觉得拒绝就会破坏合作，把合作当成结果。拒绝对于我们来说，好像一直是一件比较困难的事，因为在我们的潜意识里，拒绝往往意味着会破坏彼此的关系，会显得不够友好……但有时候，拒绝是为了更好地合作。

在合作思维的方式下，拒绝不是一件为难的事情，因为我们知道，不管是同意还是拒绝，都是为了实现共同的目标。当拒绝带来的收获比同意带来的收获更多的时候，拒绝就变得合情合理了。

合作的前提是为了共同的目标去努力，如果因为不敢拒绝而导致自己的状态不佳，那么合作本身就已经出现了问题。

冲突不是合作的终点，冲突本身就是合作的一部分。请记住这句话："拒绝冲突，就是拒绝合作。处理冲突就是我们的日常工作。"这是每一个职场人，特别是管理者必须掌握的一个管理理念。问题不会因为逃避而消失，我们必须以合作为前提，共同克服每一个困难。

如何用合作思维去解决冲突呢？一般分为两种情况。

1.对事不对人

所谓"对事不对人"，即在冲突中管理好自己的情绪，认真倾听，保持共情。如果人与人之间不相互理解，就不会达成共识；如果一个人不能接纳他人，就不会产生合作。对事不对人就是要把关注点放在具体的事情分析上，不要对人产生评判，因为一旦对人产生评判就容易感情用事。例如，两个人沟通，一个人坚持采用A方案，另一个人坚持采用B方案，不管谁向谁施压或者谁向谁妥协，都不是合作思维方式下想要的结果。两个人应该站在一个更高的认知水平，从更客观的角度去看看有没有更好的方案C，可以同时满足两个人的需求。在事情发生之后，你要知道，你努力的目的是解决问题、达成合作。在抱定这个目的之后，你从一开始就会有清晰的目标，而不会随便动怒，这会大大提高解决问题的效率。在职场里，有的时候发泄情绪解决不了任何问题，只可能给你树敌，甚至让你遭受他人的耻笑。所以，一定要理性地解决问题，而不能让自己情绪化地去给别人挑错。

2. 对人不对事

所谓"对人不对事"，指的是在交往的时候，不能因为某件事而责怪他人，要全面地看待他人，学会宽以待人，先认识人，再谈做事。在感情关系上也是如此。人是生活的直接与最终对象，接触的是人，服务的也是人，事情没人做不成，不认真做不成，不用心也做不成。对人不对事体现的是以人为本，强调的是一种关心、帮助和提高。对人不对事，不是说要忽略现实情况，也不是委曲求全，而是先照顾到双方的情绪，待平复情绪之后再进行下一步的深入交流。因为当一个人情绪激动的时候，他的所有言行都是不理智的，这时候的交流效率非常低。

无论是对事不对人，还是对人不对事，如果你的眼里只有事，就只会关注得失成败；如果换一个角度，你的所有立场都是关注人的成长，那么你自然就有了长远的目光，有了合作思维。所以，对事不对人，是过程；对人不对事，是目的。合作思维能够带给人的最大礼物是勇气，相信自己不用变成谁，也能有做成很多事情的勇气；在很多你本以为很难的事情面前，有敢于迈出第一步的勇气。

重点回顾

（1）如何建立合作思维：要有合作的意识；多给别人说话和展示的机会；尊重不同人的思路和观点；接纳冲突，不要和稀泥；鼓励"头脑风暴"。

（2）面对批评的正确反馈：用事实说话；通过"求助"的方式进行反馈；以"关怀"的形式进行反馈。

（3）合作思维下的冲突处理：对事不对人；对人不对事。

第三节 利他思维

你要记住，永远要愉快地多给别人，少从别人那里拿取。

——高尔基

一个人想要走得更远，就必须拥有利他思维。利他思维是指在处理利益（物质与精神）关系时，不但想现在，还要想将来；不但想自己，还要想他人。

马斯洛的需求层次理论告诉我们，每个人的需求都是从最基本的生理需求到安全需求到归属需求，再到更高级的尊重需求和自我实现。因此，在与别人沟通和交流的过程中，我们要遵循利他原则。但是，面对不同的人，我们要学会发现他们不同的主要需求和核心需求。这样，在人际沟通的过程中，我们才能够抓住他们的心态，以和善、热情的姿态积极地寻求解决问题的办法。这样一来，我们自然能够获得别人的信任和认可，人际关系自然也会变得越来越好。

所谓利他，就是站在对方的角度去考虑问题，了解对方的所思所想，最好可以了解其内心深处的一些思想，与对方进行同频共振。这就是我要分享的第一点,即换位同频。

简单地说,利他思维就是凡事站在对方的角度考虑,主动为他人输出价值。你能为别人创造多大价值,你就拥有多大价值。

一个人最高的修养是说话让人舒服、办事让人放心。让人舒服的人一定是细心体谅他人、极具同理心的人。他们的魅力来自内涵丰富、内敛、温情、善良,由内而外地散发出一种高贵,这种高贵就是利他思维。

在沟通过程中,很多人都会把自身的利益看得更重一些,总想要从对方手中多挖掘一些资源和利益。虽然有时也会赢得谈判,但是从长期来看,这种模式往往会影响彼此之间的合作。毕竟只有双赢才能让关系更长久地发展下去,而双赢的基础就是双方都具备利他思维,也就是不要把自身的利益看得过重,避免一味地从他人身上获取价值,让彼此的关系走向边缘。

利他思维不仅适用于职场,在每个人的生活、个人成长中也同样适用。尤其是在处理人际关系的过程中,想要获得认可和机遇,具备利他思维是基础。在生活中努力践行这一思维模型,有助于我们获得更多的人生机遇。

有这样一个故事:

某快递公司计划让新入职的员工跟着老员工熟悉工作流程。有一个新员工发现每天都有大量的快递需要投送,而且一层楼可能有几十个快件，需要借助手推车才能装下。为了节约时间，这个新员工顺手按着电梯的门，让门一直开着。但老员工却告诉他，这样做虽然没有违反快递公司的硬性规定，但是因为办公楼里进出的人员有很多，如果一直按着电梯不能上下，就等于给其他等电梯的人添了很多麻烦，做快递这一行，宁愿自己辛苦一些，也不能给别人带来不便。这位老员工拥有的就是利他思维。

利他思维的本质是互惠。当你无条件地帮助别人之后，被帮助者会获得一定的利益，而互惠心理会驱使被帮助者想方设法地还掉这个人情，从而达成一种共赢的状态。利他则是实现价值互换的最佳方式。利他主义，说大一点能够让企业找到长久发展的方向，说小一点能够帮助个人有效地积攒人脉，甚至获得回报。在沟通中，学会利他思维，聆听他人，真正的交流才会发生。例如，在和同事聊天时，除了要把优越感让给对方，还要肯定对方的情绪，回应对方的需求；在和团队成员沟通时，除了就事论事，还要善用利他思维，给出有利于双方的建议；在和领导商讨时，除了提出面临的问题，还要给出建设性的建议；在公开发表言论时，要懂得转换立场，先提出赞扬，再以平等的姿态进行客观分析，最后加以鼓励……总之，沟通上的改进一步步辐射到工作的方方面面，整个人就像排毒了一样，清爽了很多。

那么，在日常工作中，如何有意识地利用利他思维呢？

一、利他沟通的三个基础

1. 我说的话别人是否会听

在说话之前，首先要考虑自己说的话别人是否会听。如果你陈述的观点或事实别人不愿意听，就尽早闭嘴。要努力练就一种别人喜欢听的说话能力。这就如同《名贤集》中所讲的那样，"良言一句三冬暖"，说让人感觉舒服的话才是利他的表现。

2. 别人听完是否会受益

如果你打算说一些心灵鸡汤，别人虽然喜欢听，但是听完之后不去行动，那也最好少说。因为知识不能改变命运，除非它能够带来行动或对别人有益。说好话不是刻意去说讨好的话，也不是只为自己的利益去说批评、指责、要求的话语，而是只说感恩、鼓励、劝勉的话语。造就人的话是有价值的话，是对别人有帮助的话，我们的言语要让他人在困苦中得以安慰，让他人在心灵受伤之时得以医治，让他人在软弱之时获得力量！你遇到过口若悬河、夸夸其谈，却丝毫无法打动客户，甚至把客户吓跑的销售人员吗？"王婆卖瓜，自卖自夸"式的沟通总是难以击中人心，因为你说的未必是对方需要和在意的。想判断你说的话是否是别人关注的，一点也不难。当对方关注你说的话时，他往往会有这样的表现：密切关注的眼神；微微前倾的身体；放下手中的活，认真地听；表情会根据你所讲述的情境发生变化；开始沉默、思考……如果对方频繁提问，接过话题滔滔不绝，反而未必是关注的表现，那也许只表明他更关注自己。反过来可以证明一点，那就是你并没有把话说到对方的心坎里，导致他没有兴趣。

3.沟通是否建立在真诚的基础上

无论是当面沟通，还是通过电话、微信交流，对方一定能够感受到你的真诚。你微笑，对方能感觉到温暖；你哭丧着脸，对方能感觉到你心烦意乱。而真诚也是利他思维的基本表现，一个人说话不真诚，就不会产生利他的表现。真诚地站在别人的立场上考虑问题，自然就容易得到对方的信任与支持。相反，如果我们总是挖空心思算计别人，又怎么可能赢得他人的尊敬与认可呢？更何况，一句谎言可能需要一百句谎言来圆。这样做无形中给自己带来了无穷无尽的麻烦，使得我们时刻处在疲于应付的尴尬境地之中，真可谓得不偿失！

二、拥有利他思维的沟通层次

1.最低层次——凡事从自己的利益出发

凡事从自己的利益出发虽然没有错，但却不是利他思维。例如，有一个从事微商的客户需要销售沟通技巧方面的培训，其主推的是美白产品。在培训之前设计了两种推销话术，让他们自己选择，看哪种话术更能打动人。A话术："我们的产品是纯天然植物萃取，不添加任何化学制剂，涂在脸上三天就会有明显的变化，现在推出特价活动，仅三天，要的快快来找我。"B话术："公司推出新款试用装，随正品一同发出，并且包邮。如果大家觉得好用就留下正品，也分享给你们的朋友；如果大家觉得不好用，请把正品退回，不收一分钱。"A话术就是从自己的利益出发，只说自己的产品有多好，这是很多销售人员经常犯的一个错误，完全沉浸在自己对产品的那种自豪感里，却忘了站在客户的角度去思考。B话术则是拥有利他思维的营销，站在客户的角度去思考，不但免费邮寄试用，而且告诉消费者自己的产品好才敢承诺"先试后买"。所以，从自己的利益出发，基本不具备利他思维。事事从个人利益出发，自私自利，对双方都没有好处，也是一种短视行为。

2. 中层次——能够考虑别人的利益

利益是沟通中最有效的支撑点。任何时候，我们都要考虑对方的利益，并且围绕其进行沟通，这样的沟通才是有效的。在谈判过程中，很多人经常犯的一个错误是：只想快点获得自己的利益，把对方的拿过来为我所有。急功近利，不但会导致自己无法获得应得的利益，还失去了继续合作和长久发展的机会。其实，世界上没有办不成的事，只有说不好的话。说话有不同的方式和技巧，如果你能转变一下思想，先设身处地地为对方着想，再以对方的利益为突破口和出发点去和对方交流，"动之以情，晓之以理"，往往能获得成功。成功学大师卡耐基曾经租用了一个旅馆的大礼堂讲课。有一天，他接到旅馆经理的电话，对方告诉他，租金要提高3倍。卡耐基前去与经理交涉。他说："接到你的电话我有些震惊，不过这不怪你。如果我是你，我也会这么做。因为你是旅馆的经理，你的职责是使旅馆尽可能盈利。"紧接着，卡耐基为他算了一笔账，如果将礼堂用于办舞会、晚会，当然会获得更多的利益，"但你撵走了我，也等于撵走了成千上万有文化的中层管理人员，而他们光顾贵旅馆，是你花再多的钱也买不到的活广告。那么，哪样更有利呢？"旅馆经理最后被他说服了。

3. 最高层次——考虑双方的利益

在现实生活中，有的人秉持的信念是"不是你赢就是我赢"，甚至有的人宁愿两败俱伤，也不愿意让别人赢。这种人可能风光一时，但熟悉之后，谁还会和他交心呢？谁还会跟他合作呢？无论做什么事情，每个人都需要培养双赢思维。史蒂芬·柯维说："双赢思维是一种基于互敬、寻求互惠互利的思考和心智的框架，目的是获得更丰盛的机会、财富以及资源，而不是基于资源不足的敌对式竞争。"

三、利他最终实现价值互换

利他是实现价值互换的最佳方式。对于个人而言，利他的好处相较于学习某项技能、获取某项资源，可能来得更慢一些，甚至有时连我们自己都很难察觉。但其实，利他思维的本质是互惠的。那么，如何正确习得和使用利他思维呢？

1. 打好自身的业务基础

利他的前提是能够为他人提供有效的帮助，也就是为他人提供价值。如果你连自己的本职工作都没有做好，还想着到处帮助他人，这就不叫利他，而叫不务正业。当你在某个领域拥有足够的知识沉淀或者资源积累时，你就拥有了帮助别人的资本，这时候你所付出的行动是可以真正给别人带来有成效的帮助的。

2.分清楚利他和被利用的区别

利他并不是说让你无偿地帮助别人，什么事情都往自己身上揽，比如帮助同事做他本应该做的事情，就属于被利用。比如，修一修打印机、打扫一下办公室，并不是什么利他行为，顶多增加一点别人对你的好感，而随着时间的流逝，加上边际收益递减效应，这种好感甚至会被当成理所当然，因为你为别人提供的帮助，在别人看来收效甚微。

3.真正应该做的事情是价值互换

打个比方，你是一名销售人员，今天你给自己的客户A推荐了客户B，两人达成了商业上的合作，然后客户A和B为了感谢你，把他们的朋友C和D推荐给你，最终你和客户实现了双赢，这就是价值互换。当你还不能为别人提供有效的帮助时，就好好积攒自己的能力和资源；当某一天你能不断为他人提供帮助时，你就会发现好运也会源源不断。其实，哪有所谓的好运，只不过是利他的回报而已。

总之，我们在与他人沟通时，要懂得接纳、尊重、爱，注意方式方法，放下自己，处理好自我情绪，多倾听，适当进行良性互动，多实践和总结。爱，让沟通变得更加有温度。良好的沟通是领导者必备的技能。稻盛和夫认为，领导者需要具备五项资质：拥有使命感、明确目标并实现目标、挑战新事物、获得信任和尊敬、拥有关爱之心。在这五项资质中，"拥有使命感"、"获得信任和尊敬"和"拥有关爱之心"都和利他息息相关。利他沟通是一种有效的交流方式，更是一种修行。

> **重点回顾**
>
> （1）利他沟通的三个基础：我说的话别人是否会听；别人听完是否会受益；沟通是否建立在真诚的基础上。
>
> （2）拥有利他思维的沟通层次：最低层次——凡事从自己的利益出发；中层次——能够考虑别人的利益；最高层次——考虑双方的利益。
>
> （3）利他最终实现价值互换：打好自身的业务基础；分清楚利他和被利用的区别；真正应该做的事情是价值互换。

第四节　结果思维

> 这是一个重视并注重结果的时代，我们对结果负责，也靠结果生存。
>
> ——青珏案

很多人每天都在经历开会、汇报、沟通等大大小小的事情。如果你问他：沟通期待达成的结果是什么？这个结果对你有什么意义？你希望沟通给别人带来什么价值？这个结果有可能对别人产生什么价值？他也许回答不上来，甚至都没有仔细思考过，这是缺乏结果思维的表现。沟通只是一个过程，而达成共识才是结果。你经常会听到有人说："我沟通了啊，但是他就是不听。"其实，沟通没有结果，那么对于别人来说，你就等于什么都没有做。

所以，无论什么样的沟通，我们必须首先明确要达到什么样的目标、拿到什么样的结果、什么样的结果才是真正有效的。如果领导给下属布置任务，那么也需要和下属达成共识，以便下属有效地执行任务。

结果是检验价值的唯一标准——我们无论做什么事，如果没有结果，那就没有任何价值。我们上学是为了学以致用，工作是为了实现价值。换言之，如果学不到知识则没有结果，工作混日子等于没有结果，活在世上无法为家庭、公司、社会做贡献同样没有结果。所以，我们要训练自己的结果思维，有了这种思维，才能处处以结果为导向。

那么，结果思维都有哪些值得我们学习的呢？

一、为什么你没有结果

1. 认知问题

所谓认知问题，就是不懂什么是结果。如何认识结果思维呢？结果思维是一种思维方式，具有强烈的责任心和敬业精神，善于发现和分析问题，并且具有很强的质量控制意识，能严格地遵照测试流程规范定位，也称为结果导向型思维。最重要的一点是，你所做的事情利于他人，能得到他人肯定的评价。在认知上，不仅需要正确理解事物，而且需要对事物的价值做出判断。面对问题要有不同的思考方式，这样才能逐一将其解决。每天晚上花半小时的时间，对今天遇到的事情，以及自己说过的话、做出的行为进行复盘，看看哪些事情做得好、哪些事情需要改进，哪些只是为了完成任务而没有得到结果，下一次应该如何提高。这是锻炼认知的好方法。当然，也可以通过写日记的方式来记录自己的这些思考。这和回忆不同，重点不是叙事，而是思考当时做出这些行为的"原因"，以及"下一步该如何做"。

2. 能力问题

很多时候得不出结果是能力问题，解决问题的能力不够，往往就不会得到结果。不是所有人都具备解决问题的能力，都具备把一个目标自动分解成可实行的步骤去实现的能力。有的人只要给一个目标，最终的结果八九不离十；有的人就算给了所有步骤，也一样做不好。不是不愿意做，是真的做不了。

如果是能力问题，则要重点评估，是交办的工作超出了个人能力，还是随着公司业务发展，个人的学习成长速度不够快，以至于达不到要求。前者可能是培养性质的试错，看看员工的能力层级到了什么程度；后者已经影响到日常工作的开展。

3. 态度问题

获得好的结果会被认为能力强，获得较差的结果会被认为能力弱。如此循环往复，人与人之间的差距就显现出来了。其实，归根结底，所有的能力问题都是态度问题。在面对一些普通而简单的工作时，所有人都是有能力完成的，但是最终仍会呈现不同的结果。一些职场人会非常抵触简单而烦琐的工作，因为他们"怕麻烦"。简单的工作总是既麻烦又无聊，也就没有动力去做，他们内心会认定这不会影响大局，便会草草应付。

二、别拿这些冒充结果

1. 好的态度不等于结果

俗话说，三百六十行，行行出状元。人生成功的关键不在于你做什么，而是怎么做，用什么样的态度去面对。态度体现的是一个人的主动性和积极性，一个态度好的人总会比一个态度差的人更容易获得机会。但态度好不等于有结果。态度再好，如果执行力不够，也不会得出结果。企业里通常会有一类老好人，领导人让干什么什么都会应承下来，却总拿不出成绩；领导批评他执行力不够的时候，他也从不争辩。这样的员工看似"不错"，实则无用。

2. 职责不等于结果

在企业里，很多人普遍认为，只要认认真真履行自己的岗位职责，按照公司的流程办事就是执行。至于工作的结果是否让领导和同事满意，是否满足客户的要求，自己完全不在乎，给出的说辞竟是照章办事。这种人是没有结果意识的，也不懂得什么叫作真正的执行，更不清楚自己工作的意义何在。他自认为是在履行职责，却得不到任何结果，也创造不了任何价值。职责不清晰，事情没人做；职责太清晰，各扫门前雪。职责是对工作范围和边界的概括，没有结果意识，职责就是一纸空文。

3. 目标不等于结果

管理是为了让每件事都有结果，而管理的结果是为了达成目标，所以目标不等于结果。目标是在一定时间内要达成的具体数字，必须清晰明确、可量化、可达成、有挑战、有时间限制，而结果是每件事情的最终成效。很多企业高管总是抱怨同一件事情，那就是老板在年初的时候习惯性地把经营目标定得非常高，基本上每年都完不成。等到时间过半，发现任务还没有完成，就开始调低下半年的经营目标。

以夫妻吵架为例，我们看看什么是目标，什么是真正的结果。如果提前定义了可预想的结果，那么就会出现以下几种情况：

（1）如果是越吵架关系越好，那么没问题，请继续；

（2）如果是越吵架关系越差，并且导致关系破裂，那也没有问题，你可以做选择；

（3）如果吵架是为了证明自己是正确的，那更没有问题，我赞同你是对的。如果证明你是对的，关系却破裂了，那对了又如何？

如果夫妻吵架未提前定义结果，则会变成无休止的争执。如果让我们来定义夫妻吵架的目标是什么，在适度性思维上，我们难以切换。反之，如果夫妻二人讨论家庭未来的目标是什么，在适度性思维层面，更容易接受与切入。由此，我们做一个区分，目标更多的是针对未来有一定时限的事情或憧憬，而结果是每件事情或憧憬的最终实际达成成果。这并不是否定目标的作用，目标就像指南针，管理就是为了实现结果，管理的结果就是为了实现企业的目标。

三、如何让结果发生

1. 设定目标

结果的实现离不开目标的设定，而目标的设定不但要包含自己的目标，还要包含他人的目标。这些人包括领导、家人和客户。这是很多职业经理人的原则。比如，领导定下了3 000万元的销售目标，你帮他承担1/3，然后说出自己完成目标需要的资源和成本，公司领导一定会给你调配人力和资源。我有一个朋友，要在无锡开分公司，他从苏州公司抽调了8个人，拨了40万元资金，总部没出一分钱、没出一个人，分公司便开起来了。老板对他十分满意，因为他总能帮助领导完成目标。他当时就想，领导的格局大才能提拔下属，于是他也极力推荐他的手下去其他公司担任总监、经理等职位。因为提拔别人、重用别人是一种利他思想，到后来，每次竞选的时候，他总能得到很多选票。因为他替他的上级完成了目标，他的下属跟着他完成了目标。作为领导，要学会帮助下属完成目标，下属跟领导的目标不一致，就会随时离开；领导无法驾驭下属，下属也不会有斗志。最难管的员工是没有目标的员工。根据马斯洛的需求层次理论，员工每一年或每一阶段都应该确立目标，为了实现既定目标，员工就会努力去行动。

2. 过程的实施

有了目标，想要实现目标，就需要对目标进行分解。因为太过宏大的目标很难一下子实现，如果把大目标分成阶段性的小目标，反而容易实现。

1984年，在东京国际马拉松邀请赛中，名不见经传的日本选手山田本一出人意料地夺得了世界冠军。

山田本一在他的自传中说道："每次比赛之前，我都要乘车把比赛的线路仔细看一遍，并把沿途比较醒目的标志画下来。比如，第一个标志是一家银行，第二个标志是一棵大树，第三个标志是一座红房子，这样一直画到赛程的终点。比赛开始后，我就以百米冲刺的速度奋力向第一个目标冲去；等到达第一个目标，我又以同样的速度向第二个目标冲去。四十几公里的赛程，就被我分解成这么几个小目标轻轻松松地跑完了。起初，我并不懂这样的道理，我把目标定在四十几公里处的终点线上，结果我跑到十几公里时就疲惫不堪了，我被前面那段遥远的路程给吓倒了。"

人生就像马拉松，一年的目标也是马拉松，我们要学会分解目标，将年目标分解成月目标，将月目标分解成周目标，将周目标分解成日工作计划。日工作计划都能完成，年目标也没有问题；如果日工作计划都不能完成，那么年目标也就没有希望了。

3. 结果的检验

我该做的都做了……事情看似做了，就是没有结果！所以你一定要明白，什么是任务，什么是结果。如果你只是去完成任务，那么做事情永远不得要领，只有知道了什么是结果才是重要的。完成任务是对程序、过程负责，收获结果是对价值、目的负责。所以，完成任务不等于拿到结果。

一个朋友在培训公司创业初期什么都要参与，包括课程研发、市场调研、产品行销、课程管理……而对一家小公司而言，最重要的就是销售。没有销售，一切都是空谈。老板带着他们做销售，最喜欢讲的就是"一切看结果"，让事实和结果说话。所以在当时，他们公司谁的绩效好，谁讲话就大声，谁说的就是真理。老板也常跟他们说，只有达到目标才是最重要的，在没达成目标之前，一切都是空谈。结果好的人讲的东西叫作争取资源，结果不好的人讲的东西就叫借口或理由。在这样的强度训练下，他培养出员工以结果为导向，从结果来自我省思与检视的积极心态。

没有结果就没有价值。结果是第一位的，没有一个团队是不注重结果的。在得到结果的路上要有完整的制度、公平的惩罚，将制度流程化、明晰化、操作化，那么团队成功了，也就证明了团队成员的能力，同时加强了团队的执行力。而团队的激情来自每个成员，团队的活力来自每个成员的配合。

一家企业要靠很多部门、很多人员的合作才能创造出结果，久而久之，员工就感觉自己对结果无能为力，于是就只对流程负责，而不对结果负责；只对任务负责，而不对结果负责。

完成任务或应付了事不等于结果。任务是一个执行假象，在实际工作中，当你以为自己是在执行的时候，其实是在完成任务，因为你没有得到结果。我们要懂得一个基本道理：对结果负责，是对我们工作的价值负责；而对任务负责，是对工作的程序负责，完成任务不等于结果！

> **重点回顾**

（1）没有结果的原因：认知问题；能力问题；态度问题。

（2）什么不是结果：好的态度不等于结果；职责不等于结果；目标不等于结果。

（3）训练一种结果思维：设定目标；过程的实施；结果的检验。

第二章

让你有魅力
——沟通高手就是会营造氛围

好好说话，天天高兴

第一节　结构倾听

一双灵巧的耳朵胜过十张能说会道的嘴巴。

——卡耐基

在所有的沟通中，倾听是沟通能力的一个重要组成部分。它保证我们能够与周围的人保持接触、互动和产生良好的结果。倾听能力不足，也就意味着会失去与他人共同工作、生活和产生积极互动的可能。

我们来看一个案例：

公司设计部新来了一位设计师，部门主管给他布置了一项设计任务。当他拿着设计好的样品来找主管汇报的时候，主管觉得该设计没有达到自己想要的"时尚"效果，于是有些不悦地对设计师说："你怎么听不懂我说的话呢？这个设计太丑了！我不是说了吗，一定要时尚。"设计师感到十分委屈，回复道："我是按照您的吩咐做的，您就是这样交代的。"主管听设计师这么一说，觉得对方不但没有设计出自己想要的东西，反而还在推卸责任，于是双方陷入了尴尬的沟通氛围中。

案例中的沟通状态很常见，无论是在职场还是家庭中，在双方沟通的时候，说的一方以为自己说清楚了，想当然地认为对方应该听明白了，但结果却大相径庭；而听的一方也以为自己听清楚了，最后结果不一样，他往往会认为是"对方没有说清楚"，而很少认为自己只是"听"了，而不是真正的"倾听"。

因为我们"说"了，所以我们就默认已经和对方沟通了。至于对方到底听了没有、听懂了没有，我们并不关心。而在听的时候，我们也很少会主动核实听到的信息是不是准确、完整。所以，每天在办公室里都会循环播放同一句咆哮："我不是跟你说了吗？你怎么像没听见似的？"

我们遇到的最大问题就是没有真正听懂对方到底是什么意思，或者说从接到任务之初就没有听明白对方到底想要什么，最终导致任务没有完成，或者结果与领导的期待大相径庭。所以，我们一定要不断地问自己：我真的听懂领导的意思了吗？在无法改变别人的表达模式之前，先改变自己的倾听习惯，这件事情至关重要。

听和倾听是不同的。听是单纯用耳朵听；倾听还要用眼睛观察配合肢体动作、表情和其他非语言线索。简而言之，听是被动地输入；倾听是主动地介入，具有交流的性质。这就解释了在沟通中为什么使用同一种语言，还会因为"听不懂"而产生误会，原因就是你仅仅是在听，而不是在倾听。

在沟通中，无论是说的一方还是听的一方，大部分都有一"听"而过的感受，比如心不在焉、语气敷衍、眼神涣散，表面上看似是在点头回应，内心却想着自己的事情；或者只听自己感兴趣的，不感兴趣的自动屏蔽；当你知道对方接下来要说的内容时，听到一半你就开始心不在焉，想打断他，赶紧把话接过来；还有一类人带着先入为主的敌意，将对方的每一句话都视作可能性的攻击，自带一种随时回击的状态。当别人在阐述观点时，你的脑海中偶尔有声音在回荡："他没有说到点子上，我应该比他说得在理……"这些都不是良性沟通，最终会导致沟通无效。究其原因，沟通的双方都急于表达自我，不自觉地忽视了倾听他人。

人人都知道倾听很重要，但事实上能做到的人却很少。那些被公认的沟通高手往往能够做到"全身心去倾听"而不急于去"说"。所以，良好的沟通离不开倾听能力的提升。

所谓倾听能力，是指不能带着情绪去听别人说话，而是真真正正地搞清楚对方说话的目的，达成思想上的统一，最终解决问题。这才是沟通中应该锻炼的能力，永远记得，解决问题才是沟通的目的。沟通是一个过程，"沟"是路径，"通"是目标，双方通过沟通来达成共识。遇到问题不可怕，提出来，然后解决，这才是最重要的事情。倾听能力是可以通过有效训练来提升的，其中有一种方法叫作"AHA 倾听法"，也叫作"啊哈倾听法"。

"啊哈倾听法"也就是结构倾听，由三个不同的环节构成。

第一个 A，叫作 All ears，即聆听，打开耳朵聆听，产生一种聆听的状态。

第二个 H，叫作 Hearken，即倾听，打开身体去听，倾听需要正确的姿态。

第三个 A，叫作 Ask about，即打听，打开嘴巴去听，努力找到合适的语态。

接下来，我们将一一来为大家解释其中的意思。

一、All ears，打开耳朵聆听

聆听的"聆"字，一个耳朵，一个令，所以聆听就是命令你的耳朵去听。什么叫命令耳朵去听呢？也就是用耳朵全神贯注去听，不要想着其他事来敷衍，要清空自己的大脑和手头上的事情，这才是倾听该有的样子。然后，用一种在意、关心的态度去听，无论对面的那个人是谁，只要他正在与你沟通，此时此刻他最大，他的问题最重要，这样才能表现出诚恳的倾听态度。我们可以假设一只耳朵是情绪耳，一只耳朵是事实耳，遗憾的是，大部分人在倾听的时候只使用情绪耳，所有的争吵、不愉快、矛盾，都是因为在倾听的时候只带上了情绪耳，没有带上事实耳。如果我们只听到了情绪，那就只能够激发出一些负面的情绪表达。如果我们既带上了情绪耳又带上了事实耳，那么我们才能够真真正正达成目标。

那么，怎么来区分情绪耳和事实耳呢？

在本节开头列举的案例中，当设计师听到主管说"你怎么听不懂我的话？这个设计太丑了"时，设计师的情绪耳就开始发动了，他立刻会

觉得"领导很生气，我很懊恼，这不能怪我呀，我是执行指令的人"。所以，当情绪耳听到问题的时候，立刻会调动自己内在的"借口"，回应对方的往往是抱怨、指责和推诿，而不是本着解决问题的态度和立场。事实耳则正好相反。当听到对方说问题的时候，不会让情绪来主导，而是去情绪、留事实。设计师如果用事实耳来听主管提出的问题，就会觉得"领导对设计不满意，那怎么才能更时尚呢？"当自己开始询问问题的解决方法的时候，表现出来的沟通状态就是平静、客观，以事实为根据，设计师就不会推卸责任，而是积极地询问领导："领导，很抱歉让您生气了，看得出来您对这个方案很重视，您能不能给我一些具体的指导或者建议？我会按照您的方向给出新方案，做得更时尚。"

所以，结构倾听的第一步是打开自己的两只耳朵去听，既要听到情绪，也要听到事实。

二、Hearken，打开身体去听

怎样才能做到打开身体去听呢？我们可以从四个角度来解读，即沟通空间、面部表情、身体姿态和两个动作。

1. 沟通空间

沟通空间也可以称为两个人之间的合适距离和说话方向。

（1）距离。如果是陌生人，则可以保持一米左右的距离，太近不符合亲密关系之间的沟通，太远又会显得生疏。如果亲密的朋友，关系很不错的同事、伙伴，则可以保持在半米左右的距离。如果准备谈判，那么谈判桌一定不能特别大，恰当的距离能够让沟通更顺畅。

（2）方向。除了距离，还要重视沟通者呈现的方向。不能彼此直面对方，要让身体略微倾斜，这样会显得放松。如果遇到一些必须面对面的场合，比如面试和谈判，就要克服自己的紧张情绪，展示自己的亲和力和放松状态，有利于发挥说话的优势和水平。

2. 面部表情

（1）微笑。爱笑的人运气一定不会差。当你微笑的时候，能够让别人感觉自在和放松，有利于沟通的开展。不要总是绷着脸，学会微笑，相信微笑能带来好运。

（2）目光。目光集中在对方的面部三角区，眼神可以在这个区域游移，不能直勾勾地盯着对方，也可以有其他视线的改变，大部分时间还是把目光集中在对方的面部三角区，向对方释放一种你在认真听的信号。

（3）点头。当对方说话的时候，你可以通过点头来传达你认同对方的观点，或者鼓励对方继续说，或者通过赞许的眼神来暗示"我喜欢听，您可以再多说一点"。

3. 身体姿态

（1）身体向前倾。在倾听时身体可以前倾，但不可以往后倾。身体后倾传达的是不耐烦、蔑视的状态，用鼻孔看人肯定就是蔑视别人。身体前倾，不时地点头、微笑，目光集中在对方的面部三角区，这是一种非常积极的状态，能够体现出来"我很积极，我愿意听"的感觉。

（2）姿态开放。有一种封闭和拒绝的姿势就是紧抱双臂，表示自己不耐烦、不想听。如果肢体动作僵硬，则说明自己很拘谨。正确的姿态是开放的，也是放松的。

4.两个动作

（1）记笔记。在听对方说话之前拿出一个本子记或者在平板电脑、手机上用即时笔记软件记。尤其是在领导布置任务的时候，你说"领导您稍等一下，我拿出来笔和本子记一下"，会给你加分不少。

（2）录音。有的时候记录不及时，可以通过录音保证自己听得更准确。在录音前要打招呼，"领导，这一段我希望录音，以确保我能够做得准确无误"。在通常情况下，领导是不会拒绝的。

在动作方面，除了必要的记笔记和录音之外，也要规避一些不良的姿态，以免影响沟通效果：

①东西不能放在身体的正前方，这样不利于沟通；

②避免频繁看表或者摆弄指甲；

③避免揪衣服上的线头，这只能说明你对现在的话题已经不感兴趣了；

④在注视别人的时候不要用手托腮，让人感觉你已经听得不耐烦了；

⑤眯着眼，皱着眉，说明你要么听不懂对方在说什么，要么不想听；

⑥低头向下看；

⑦交谈当中不断摸脸、摸脖子，小动作不断；

⑧皮笑肉不笑；

⑨把手放在脑后或者屁股上；

⑩交叉双臂。

三、Ask about，打开嘴巴去听

打开嘴巴去听是为了搞清楚你想要的真相，要去追问。当你通过事实耳和各种诚恳的身体状态赢得了对方的好感，并且让沟通得以顺畅进行下去以后，你还要确保自己是不是完全听明白了，如果有不明白的地方要去落实，才能有下一步的行动目标。

（1）前文中，当设计师听主管说"这个设计太丑，一定要时尚"时，不要解释"你别生气，别着急"。一旦带上"你别"，就是在指责对方已经生气了。而应该说"我知道您现在很着急"，这是一种肯定的说法，代表认同对方的情绪。

（2）追问事实。那怎么追问呢？常用的句式是"您说的这几点，我的理解是这样的，不知道我这样理解对吗？""您能再帮我讲一讲吗？我刚才听得不太明白，您能再和我说一说吗？"这样的句式在沟通和倾听中是一种非常好的追问。

（3）明确时间。追问了事实以后，就要确定时间，比如"我会在今天下午两点之前，再给您两个设计方案"。

有这样三个步骤，就是一个非常好的沟通过程，最后能够真正得到结果。

重点回顾

（1）All ears，打开耳朵聆听，两只耳朵——情绪耳和事实耳，既要听情绪，也要听事实。

（2）Hearken，倾听，注意距离、表情和肢体，两个小动作——记笔记和录音。

（3）Ask about，打听，我们要打开嘴巴，要去翻译别人的情绪，明确别人的行动，然后制定一个解决方案。

第二节　高级共情

在批评别人之前，你首先要穿上他的鞋子走上一里地，这样，当你批评他时，就是穿着他的鞋子，站在了离他一里远的地方。

——杰克·汉迪

有一种能力人人都该具备，那就是共情，也叫同理心，也就是理解并支持对方、善解人意。这是绝大多数人都希望拥有的能力，每个人也都希望对方能够用这种方法对待自己。但在沟通中，很多人都做不到共情，而是习惯于讲道理、教育对方。

共情可以理解成换位思考和同理心。"情商之父"丹尼尔·戈尔曼说："共情，是情商的核心能力，也是人类天生的能力，但一直没有受到应有的重视。"共情是让人与人之间在情绪、认知、观念等方面建立"连接"，达成共鸣，让沟通更有效。

有句话说得好："爱出者爱返，福往者福来。"这句话是对"共情"最好的诠释。无论是朋友、上下级、亲人还是陌生人之间的沟通，都是你付出多少共情，就能得到多少回馈。

《接纳》一书中有这样一段话："你知道每个人最喜欢的人是谁吗？原来每个人最喜欢的人是自己，其次喜欢能够接纳和理解自己的人。你知道每个人最讨厌的人是谁吗？原来每个人最讨厌的人是那些不能接纳自己的人，也就是在想法、感受、性情、志趣、为人处世等方面都和自己格格不入的人。"

如果人不理解人，就不会有彼此的共识，就会形同陌路。如果人不接纳人，就不会有合作，每个人都是孤立的存在。如果没有共情能力，再能言善辩都不能称为有能力的沟通者。一个表达能力强的人远远超越那些心里有话却说不出来的人。而表达能力强的人多半是共情沟通的高手，他们知道要说什么、说给谁听、说哪些有效。

我们来看一个案例：

在一次公司会议上，领导讲话水平很高，激情澎湃地在台上讲着。眼看快12点了，领导却没有停下来的意思。眼看着午餐时间到了，但大家也只能假装很认真地听着领导的讲话。会议结束，大家走出会议室时，纷纷议论领导的讲话"又臭又长"，耽误了大家吃饭的时间。可见，领导虽然是一个讲话高手，却不是一个沟通高手，因为他没有站在员工的立场上去共情，只顾自己讲得兴起，却忽略了员工的需求。

没有共情能力的沟通可以归为"情商低"的范畴，因为人们对于"共情"的需求就是希望自己被看到、被理解、被接纳、被懂得。而这些都建立在良好沟通的前提之上。大多数人在沟通的时候很难做到共情。比如，你的女朋友在大冬天的早上必须早起上班，跟你抱怨"太冷了，实在不愿意起床，好想睡觉，不想上班"。这个时候，你怎么回应对方的这句抱怨，就能看出你是不是具备共情能力。一般有这样九个选项。

（1）怂恿型："不想上班就不上，辞职呗。"

（2）理智型："不想上班怎么挣钱，谁养你呢？"

（3）打击型："你跟我说这个有什么用，我又不是你的老板。"

（4）比较型："我比你更困，更不想上班，不还是一样爬起来上班吗？"

（5）鸡汤型："睡懒觉是有成本的，如果人人都睡觉不上班，社会怎么运转，经济怎么发展？所以，我们需要趁着年轻打拼。"

（6）建议型："睡不醒是因为晚上睡得晚，下次早点休息不就好了。"

（7）行动型："快别睡了，起来一起去吃早点，吃饱饭就想上班了。"

（8）威胁型："快起吧，再不起就迟到了，奖金也没了。"

（9）废话型："确实每天早起挺辛苦，我太能理解你了。"

上述几个选项中，除了第九点，都有说教、不理解、打击和讲道理的倾向，而看似废话的第九点却能体现出共情能力。

第二章 让你有魅力——沟通高手就是会营造氛围

共情是理解对方在这个世界上的经历，就好像你作为那个人经历了一般。同时，我们需要知道，我和对方是不同的，我们只是去深深地理解对方，而不是成为对方。

渴望共情是人的本能，是让人觉得自己被看到、被理解。但现实中很多人无法做到"共情"，是源于自己的情绪无法认同和理解他人，忘不了自己，而没有过多地关注对方。或者在很多时候你想扮演的是拯救者的角色，想去说服别人或单纯地宣泄自己等，自然做不到共情。那么，如何提高共情能力呢？

在与人沟通的时候，最简单也是最有效的共情来自三步，分别是：安静地听对方说完、复述对方说过的话和表达你的感同身受。

一、安静地听对方说完

经常有人向我反馈，在与人沟通的过程中，尤其是自己想要倾诉或抱怨的时候，最喜欢、最感动的不是别人急于给出方法，而是对方能够默默地听自己把话说完。这也是我常给学员说的，给对方一个耳朵，你就占据了沟通的主动。这样做对倾诉者和倾听者而言都十分有意义。也许你认为保持安静微不足道，对方独自就可以完成，他们选择与你对话的目的就是想要畅所欲言。假如在沟通的过程中，你能够安静地倾听，对方就会感觉到莫大的共情。

假如你作为倾听者的唯一成就就是为对方创造了一段安静的喘息之机，舒缓了对话节奏，那么这么做本身就比其他方式更有意义。

有时候，我们不需要给别人太多的建议，只需要做到共情，积极倾听他的心声，时时帮对方梳理一下产生这种观念和情绪的原因，帮助他更好地看见真实的自己，就够了。学会倾听，是共情最直接的触达。

二、复述对方说过的话

复述是一种简便易行的方法，但往往能带来不俗的效果。复述带来的诸多优势之一就是能够降低我们日常习惯的对话节奏，给倾听者和倾诉者创造协调同步的机会。练习复述的方法就是把你听到的话重复一遍，就像下面这个例子一样。

小A：这周末，我和老公吵架了，他第一次表现得那么不可理喻。

倾听者：你刚对我说，你和你老公吵架了，他表现得非常不可理喻。

小A：是的，之后我就用更加激烈的言辞和他争吵，我们俩都表现出了抓狂的样子。

倾听者：你很生气，他也很生气，所以你们俩很不理智地吵了起来，看样子都很抓狂。

小A：是的，我觉得他不爱我了。我们平时工作都很忙，情绪也不好，我们都非常疲惫。

倾听者：你觉得你们之间的感情出现了问题，又觉得争吵让各自更加疲惫。

在复述之后，你可以通过这个问题来向对方确认："我是不是说到了重点？或者遗漏了什么？"

复述可能听起来易如反掌，但能够真正做到却不简单，需要反复练习。如果遇到滔滔不绝的倾诉者，那么复述的方式使用起来并不容易，而且不一定能够准确无误地复述出来，只要能够说出大概的意思，也会让倾诉者感受到被理解。

三、表达你的感同身受

共情最终要解决的是你能够站在对方的立场看问题，真正能够"感同身受"，那样，你的安慰也好，出主意也罢，对方才能听进去。可以练习揣测他人的情感，也可以尝试与对方产生情感共鸣。表达同情的要点并不在于你说什么话，而在于运用好面部表情和说话语调。你的声音和面部表情可以跟随对方的情绪同步变化，只有这样，对方才能真正感受到被理解。

举个例子："我好累，好烦啊，写了一上午报告。"

不懂共情的人会说："那报告写完了吗？"

懂共情的人就会说："你的脸色好像都不太好呢。什么报告那么难写啊？"

再比如：

倾诉者："我不确定自己的婚姻是否能够长久。"

倾听者：你一定感到很煎熬。

倾诉者："是的。"

（此时，倾诉者眼中噙满了泪水。）

有共情能力的人能够站在对方的立场设身处地地思考，这种感同身受往往会迅速获得对方的好感。

共情能力分为多个层次，主要分为低级共情和高级共情两种。低级共情包含安慰、否认或者建议；高级共情包含理解、指导和行动。

举个例子，情侣之间发生矛盾，很多人在解决问题的时候，选择的沟通方式是直接道歉，例如"都是我不好，你不要再生气了"，这其实是低级共情的体现。如果我们将沟通的话术改为"从你的话里我感觉到你很难过，但有时候我可能没有办法及时了解你的真实想法，我很希望跟你有更好的相处。所以，我想多听听你的真实感受。"

共情能力来源于对他人情绪的把握，你对对方了解得越深，越容易做到共情以及使用高级共情的沟通方法。

共情式倾听能把我们带入一个可以相互理解的亲近空间，可以合情合理地进行想法和感受的互动，可以更深入地理解自己以及与他人的关系。共情能发现我们所映照的这个世界中隐蔽的细微之处，也能反馈出我们所共享的体验中的共性和差异。为了理解他人及他人的世界，我们必须放弃以自我为中心的视角。通过共情带来的以他人为中心的视角，我们的问题就会变得不再那么难以解决，我们的世界也会变得更加丰富、有趣。让自己参与到他人的生命中去，借此我们也将实现自我的蜕变。这就是共情的力量。

> **重点回顾**
>
> 共情的三个方法。
>
> （1）安静地听对方说完。
>
> （2）复述对方说过的话。
>
> （3）表达你的感同身受。

第三节　赞美之道

赞扬，像黄金、钻石，只因稀少而有价值。

——塞缪尔·约翰逊

赞美是一种力量，也是一种能力，被誉为在沟通中温暖别人的阳光。赞美他人，不单单是甜言蜜语，重要的是根据对方的文化修养、个性性格、心理需求、所处背景、角色关系、语言习惯乃至职业特点、性别年龄、个人经历等不同因素，恰如其分地表扬或称赞对方。如果对你身边的人做一次调查，问："你会赞美吗？"相信很多人能说出不少与赞美相关的言辞，比如：你瘦了，你好美，你真帅，你皮肤真好，你声音好听，你身材真好，你的衣服真好看……无论哪一种赞美，让人听了都会觉得如沐春风，这样无形中就会增进沟通双方的感情。所以，在沟通中，善用赞美的人是充满智慧的人。

我们来看一个案例：

20岁的实习生小悦虽然知道赞美别人的重要性，但是没有学会赞美的要领与方法，入职第一天就闹了笑话。领导是一个50岁左右的中年妇女，穿着朴素，雷厉风行。谁知这个女孩刚一见到她就开始夸："荣姐，您的裙子真好看，显得年轻时尚，我也好想买一条这样的裙子！"正在给员工进行入职培训的领导一时间不知道该说什么好。第二天早晨，领导看上去一副没睡好的样子，这个女孩冲上前打招呼，面带微笑地说："荣姐，您昨天是不是加班了，真的是比我们年轻人还卷啊！"领导的脸色瞬间从苍白变成了绯红，怒斥这个女孩道："做你的事情去！昨天我给你安排的任务完成了吗？"

很多人以为赞美等于夸奖，而且不顾场合、身份地使劲夸奖，事实上这是一种误区。案例中被赞美的人是实习生的顶头上司，这个女孩不得赞美的要领，结果事与愿违。所以，在沟通中使用赞美要多方面考虑，比如你沟通的对象是老板，或者某个不太熟悉的同事，或者你不太了解的人，该怎么使用赞美呢？或者说什么样的赞美才会让人觉得"高级"和"受用"呢？

首先要避开赞美的坑，也就是说赞美之辞也是有大忌的：一忌表面，比如"真好看、真漂亮、真帅、身材真好、真棒、真好吃……"；二忌浮夸，比如"我一辈子也学不会，你瘦了（明明又胖了），你穿什么都好看，您是大师……"这些表面和浮夸的赞美之词会让人感觉不真诚。不真诚的赞美相当于讽刺和挖苦，不但起不到为沟通助力的作用，有可能因为这种不当的赞美让对方觉得你虚伪，反而给后续的沟通埋下隐患。

为了赞美而赞美，会给人一种虚伪、不值得信任的感觉。人与人之间的交往，真诚太重要了，一个真诚的人往往能在人群中轻松赢得别人的信任和好感。如果你没有高情商，那就回到真诚。言为心声，当你真诚地夸赞别人的时候，别人才会感觉如沐春风。

赞美的本质是满足别人被看见的需求。赞美别人就是要告诉对方，"我看见你了，我看见你跟别人不一样了"。所以，赞美的公式是：赞美＝发现并指出对方的独特行为。

那么，赞美有哪些具体的方法呢？

一、具体、具体、再具体

当你赞美一个人"真棒""真漂亮""真好看"的时候，对方其实会产生一种心理期待，想听听下文，以求证实"我棒在哪里""我漂亮在哪里""我哪里好看"。此时，如果你没有具体化的表述，则会令人大失所望。所以，我们要将这种方法细分开来：赞美要成双、说出事实、表达影响、三花赞美。

1. 赞美要成双

赞美对方要让对方的期待得到满足，这就是考验赞美功力的时候。赞美不但要说出对方的好，还要说出对方哪里好，也就是赞美要成双，追求"1+1"的效果。比如，你夸一个人很随和，除了要说"您说话的感觉真好"，还要再加一句"跟您聊天特别开心，感觉您特别有亲和力，而且您特别有能量，瞬间让我满血复活"。当然，具体的程度与关注的深度紧密相关。只有用心观察对方，才能说出他的优点，越具体，表明你越关注对方，而每个人都渴望自己被关注。当一个人局部被赞美时，在内心深处就会引发一系列变化，他会更注意自己被赞美的部分，然后自我求证，在得到肯定之后会信心增强，再逐渐将局部优势扩大到整体。

2. 说出事实

人们都追求的一种价值观就是实事求是。在前面的案例中，实习生在赞美领导的时候，之所以让领导反感，就是因为没有实事求是。明明领导没有睡好，一脸倦容，实习生还说"领导你加班工作，真的很卷"。我所在的公司有一个保洁阿姨，她也负责打扫我的办公室。我的办公室桌上有一个茶台，平时经常会有客人来一起喝茶。如果遇到茶具没有洗干净的情况就会很尴尬，于是我就跟阿姨提了一下。第二天，我发现我的茶具被清洗得干干净净，且码放得整整齐齐。我夸赞阿姨道："阿姨，您把我的桌子收拾得太棒了。待会儿，我这儿正好有客人来一起喝茶，这让我很有面子。尤其这茶杯，刷得这么干净，一看您就是用心了。"从此以后，阿姨工作起来更卖力了。这就是一种用事实去赞美别人的做法，也会让人感觉到你夸奖别人的真诚。

3．表达影响

人们都有"好为人师"的心理倾向，比如，别人说听了我的课感觉十分受益，我的内心会比他还受益。所以，在夸赞别人的时候，表达出你受到了对方的影响，往往能收到很好的效果。比如："您上次分享的那本书简直太赞了，对我的帮助特别大，我的朋友里最有文化的非您莫属啊！""我看你每天在朋友圈里健身打卡，我现在也开始运动了，要像你一样做一个自律、健康的人。"

4．三花赞美

一个人在时间、金钱、心思方面的投入往往渴望被别人看到，如果别人看到这些并进行夸奖，那么往往会让受夸赞的人很受用。比如，一个经常健身的人，往往希望得到别人对他在时间投入方面的关注；一个买了名牌包的人，往往希望得到别人对她在金钱方面的关注；一个替别人着想的人，往往希望得到别人对他在心思方面的关注。这就是"三花赞美"。比如，夸奖一个自律的人，不要单纯地说"您真自律呀"，而要说"您的身材太好了，一看就知道您是一个非常自律的人"。夸奖一个背了新包的人，不要说"这个包好看"，而要说"您的新包也太好看了，一定很贵吧"。夸奖一个很用心的人，不要说"您真用心"，而要说"您为我们安排的行程非常舒适，感谢您的细心和周到"。这些就是夸赞方法中的具体、具体、再具体。多花一些心思，多观察对方，然后有针对性地赞美，才能让赞美发挥更大的沟通价值。

二、对比、对比、再对比

没有对比就没有伤害，所有的突出和光鲜无一不是对比出来的。人都会有比较，只有比别人优秀了才会感觉舒服。赞美如果用对比来突显对方的优秀，那么赞美就运用得恰到好处。赞美的第二种方法就是对比，细分为：你我对比、今昔对比、印象对比。

1. 你我对比

赞美要与自己对比，突出别人的优势，拿对方的长项来对比自己的弱项，以此来衬托出对方是真的优秀。比如，你和小王出去K歌，你对他说："你不愧是麦霸，不像我五音不全。"你可以对身边的同事说："你这个PPT做得很用心，不像我总是对图片配色掌握不好。""真羡慕你能下海游泳，我学了很久都学不会。""你老公还能和你一起做家务，太羡慕你了，我老公到家里就知道玩游戏。""你的头发太好了，我的发际线都快保不住了。""您是学医的呀？真不简单！我高三那年就很想考医学院，可惜分数不够，没考上。"这些都是你我对比的范畴，用"你有，我无"来突显对方的优势。

2. 今昔对比

就是拿对方的过去和现在来做对比，一般采取的方式是"对过去进行贬抑，对今天进行赞扬"，让对方感觉自己进步而有成就感。比如："其实你笑起来很好看，尤其是那对可爱的虎牙，平时别那么严肃啦!""果然是做了妈妈就不一样啊,你之前连煮方便面都不会,现在居然都会包饺子了!""老板越来越爱笑了,之前威严的感觉很帅,现在爱笑不但帅,还很可爱。"这些就是今昔对比,不会让对方觉得之前不好,但会更乐于扮演现在的样子,因为现在较之前有了进步,得到了夸赞和欣赏,人们会更倾向于扮演好的一面。

3. 印象对比

也可以说是通过夸赞打破之前的刻板印象,让人体会到自己具有多方面的优势。比如:"我以为漂亮女生都不太靠谱,没有想到你做事情这么认真!""你的性格、智慧都影响到我对年轻人的看法了,在你这个年纪怎么能有这么好的气场?""这么大的公司,我以为老板肯定是一位长者,没想到您这么年轻,还这么厉害!""您都退休了,还这么用功,还要持续创业,我真得向您学习。"

三、借力、借力、再借力

借力赞美也可以称为间接赞美,也就是通过第三方传达你的赞美,效果会截然不同。通过他人之口说出来的赞美才显得更加真实。每个人都喜欢被赞美,所以很多人都会利用这一点去赢得他人的好感。但是,总是当面赞美别人,即便语言再动听,听多了也是会麻木的。其实有一种赞美别人的方式,那就是通过第三人之口去赞美一个人。当赞美的话传到对方的耳朵里时,听的人必然会认为这是真诚的,就会非常乐意接受你的赞美。在日常生活中,最常见、最常用的赞美方式是面对称赞对象直接吐露自己的欣赏和肯定。相比之下，间接赞美则更富有技巧性，在一些特定的情况下更能达到预期的效果。借力一般包括借他人之口和借他人之赞。

1. 借他人之口

假借别人之口来赞美他人，可以避免因直接赞美而导致的吹捧之嫌，还可以让对方感觉到他所拥有的赞美者为数众多，从而在心理上获得极大的满足。虽然每个人都爱听赞美的话语，但并非任何赞美之辞都能使人感到愉悦。因此，在赞美一个人的时候，既要做到实事求是，又要运用一定的策略。别出心裁的赞美往往能产生神奇的效果，甚至会带来意外的收获。一般通过回忆和转述来达到赞美的效果。比如，女婿第一次跟丈母娘一起吃饭，比起说"您看起来真年轻"，可以换一个说法，"阿姨您真年轻，难怪丽丽一直跟我说您年轻时有很多人追呢"。

2. 借他人之赞

在与人沟通中，借用他人的言论来赞美对方。这种方式不仅会让人觉得很自然，而且更能达到效果。一般来说，人受到不熟悉的第三者的赞美比受到自己身边人的夸奖更为兴奋。这种借他人之赞来赞美别人，等于赞上加赞，会使听的一方产生双重的愉悦效果。比如，妈妈对儿子说"语文老师说你的记忆力特别好"，孩子下次背诵古诗和文言文肯定会更起劲。"部门经理说你做事效率特别高，我一定得向你学习，提升自己。"借他人之赞，让对方听到的不仅是真诚，还会产生被多人认可的愉悦感。

四、意外、意外、再意外

意外就是在使用赞美时不要千篇一律,要打破常规、独辟蹊径。也就是说,赞美要观察差异,发现对方的与众不同之处,这样的赞美才是有效的。更重要的是,这个差异不是对方与你之间的差异,也不是对方与普通人之间的差异。只有把赞美用在对方和他所在群体有差异的地方,才会事半功倍。赞美的意外包括回避常规和反问赞美。

1. 回避常规

在普通的优点中发现不普通的一面,然后用赞美去放大那个不普通的一面,这就是回避常规。夸赞一个事业有成的女强人"你的眼睛长得好迷人",那她一定会乐不可支。夸赞出租车司机驾驶技术高超,其实对他来说也没有什么好炫耀的。但如果夸他的车特别干净,一看就是生活讲究的人,效果就完全不同了。比如,你夸一个同事"您真聪明",大家都会觉得他聪明,这样说效果不明显。但如果你夸他的行为:"这个项目竞争这么激烈,你居然把它拿下了,一定付出了非常多的心血",对方听了就会觉得很舒服,觉得你很懂他,还觉得你"看见"了他的努力。

2. 反问赞美

用幽默进行赞美,给予惊喜。比如:"你长得这么好看也就算了,怎么做事还这么让人喜欢呢?""我是不是跟你说过我在减肥,你把饭做得这么好吃干吗?""你是不是学过魔术啊?那你怎么越变越好看了呢?""你是吃了防腐剂吗?怎么越活越年轻呢?"这些都是反问赞美,用幽默的方式带给对方不一样的体验。

以上四种方法是教你如何去赞美别人。那么，如果别人赞美了你，该怎么回复呢？大多数人被赞美以后会有两种回复：一种是故作谦虚地说"哪里哪里，没有没有"；另一种是顺水推舟地接受说"谢谢"。那么，除了这两种常见的回复，什么样的回复才显得更高明呢？

一般被赞美源于表面、能力和性格。比如，被夸表面"长得好""变瘦了""年轻了"，不要自谦地说"哪里哪里"，而要大大方方地接受，除了说"谢谢"，还可以对别人进行"反夸"，可以说"看你神采奕奕的，有什么保养秘诀？"如果是"能力"被赞美了，比如，领导表扬你"PPT做得不错"，你可以回复说："谢谢领导，我还有很多做得不到位的地方，您要有时间的话，再给我指导指导。"或者说："我最近就想攻破PPT这关，您给我说说，咱们单位我还应该跟谁请教请教？"除了回应领导的赞美，表达自己想要进一步努力的态度，还保留了开放性结尾，让沟通可以顺利地推进下去。这就是一种接受赞美的高明方式。

当我们在沟通中既学会了赞美别人的方法，又习得了如何回应别人的赞美，这样的沟通一定是积极正向的，最终也会收获良好的人际关系。

重点回顾

表达赞美的四个方法。

（1）具体：赞美成双、说出事实、表达影响、三花赞美。

（2）对比：你我对比、今昔对比、印象对比。

（3）借力：借他人之口、借他人之赞。

（4）意外：回避常规、反向赞美。

第四节　闲聊秘籍

沟通最大的问题在于，人们想当然地认为已经沟通了。

——乔治·萧伯纳

生活就像一面镜子，你对它笑，它就对你笑；你对它哭，它就对你哭。这个镜子的原理在沟通中同样适用，你对别人言语美好，别人也会回馈你美好；如果你恶言恶语，那么对方也一定如此。你和别人用欢笑的方式讲话，那别人就回报你以欢笑的方式；你冷着脸跟别人讲话，那别人就很难调动起热情。

很多时候，人们会陷入沟通的僵局中。这种尴尬的局面不是一个人造成的，而是在场所有参与沟通的人的"不作为"造成的。在场的人，你不动他也不说，怎么能让沟通顺畅起来呢？结果只会出现持续冷场的状态。可能有人会说，这也不怪我呀，遇到这种情况我也没有好的办法打破僵局，让气氛活跃起来。这才是我们要学习的沟通技巧，也就是闲聊秘籍。没办法打破僵局，第一是因为没能力，第二是因为不想当缓解局面的那个人。

那些看似不经意的沟通却能化解场面的尴尬,这才是真正的"沟通英雄"。也就是只要你懂得了沟通的技巧,就能做一个救场的人,带给大家温暖、热情和能量。一旦你拥有了这样的能力,你就会自带光环,无论走到哪里,都会因为你的存在和"会说话",让沟通氛围变得更好。

其实人人都可以成为那个用说话"救场"的人,只是大部分人受一种错误观念的困扰而不去做而已。比如,在我的课堂上,很多学员会说:"高老师,我不愿意在大家气氛尴尬的时候站出来说话,有点显摆和逞强的意味,这不是在表现自己,作秀吗?"

这是一个错误的认知和心态,一定要摒弃这样的观念。我们是在和别人打交道的过程中建立起各种关系的,所以人人都会遇到与众人沟通的环境和场面,除非你想关起门来成为隐形人,否则谁都不可避免地会遇到需要化解尴尬场面的时候。如果选择"明哲保身""沉默是金",其实也是一种变相的显摆和展示,那样你展示的就不是给人带来温暖和力量的角色,而是自私和没有担当。

常言道,"良言一句三冬暖,恶语伤人六月寒。"最好的良言就是不能沉默,你去打破冷场与僵局,就等于替别人化解了尴尬,这是能力和担当的体现。所以,破冰不是为了展示自己,而是与在场的人建立信任,让人们重新沟通起来。

出现冷场的环境一般分为两种,分别是"非常刻"和"非常客"。"非常刻"就是非常时刻,比如聚会、节庆、初见、告别等,这些都是有别于我们日常沟通的时刻,往往容易出现尴尬的场景。"非常客"代表不是平时常见的人，是特殊的客人，比如新认识的朋友、拜访一位行业前辈、会见一个新客户等。遇到这些特殊的场合和特殊的人，就需要用到闲聊秘籍快速让大家实现融合。好久没见的同学聚会、家里来了亲戚朋友的聚会、公司开年会、参加行业论坛等，这种非常时刻都需要带着"破冰技术"去，因为你一定会遇到那个久未谋面的人或者初识一个新的朋友。要在心里树立这样的信念："我要打开局面""我要热络一下氛围"。

我们来看一个案例：

小王跟着主管去见客户，想听听对方平时使用产品的感受，于是问客户："您能说说近期对我们产品使用的一些心得和建议吗？"客户一看小王是一张新面孔，于是冷冷地说道："从哪儿说起呢？"听到这句话，小王一时语塞，接不上话，聊天场面陷入尴尬。小王开始了空白式的思考和找话题。主管一看小王接不住客户的话，于是便扮演起那个"救场"的人。他对客户说："王总，这是我们部门新来的销售，今天和我一起来，以便日后更好地为您提供服务。关于刚才小王提出的问题，您可以从三个方面阐述，比如产品的价格、使用方便度和使用之后的改变。"这样一来，客户就知道从哪些方面来谈使用产品的体会了，沟通又变得顺畅了起来。

案例中的主管就是一个会运用破冰技术说话的人，这样才能化解尴尬。

那么，破冰技术有什么具体的方法呢？

破冰的过程就像一次长跑，顺序是起跑、跟随、冲刺，而破冰的过程就是开口、闲聊、指令。

我们看到奥运会上那些田径比赛高手，他们都是怎么跑的呢？首先一声枪响，发出起跑信号，所有人开跑。这时，大家拼的就是起跑的速度，这是制胜的关键。沟通也是如此，如果在人际交往中，你是慢热型的人，别人就会觉得你不易相处。所以，你要成为那个热得快的人。

起跑之后，很重要的事情是要跟随，高手跑步都不会一上来就想领跑，而是跟着大家一起跑，在最后冲刺时刻才彰显实力，拿到一个好的名次。沟通破冰的过程也是如此，第一步开口相当于开跑，你必须张开嘴巴敢于去说，别人才能听到你的内容；第二步跟随，我们必须通过一系列的闲聊来维持这个已经开口的结果，也就是说，不能刚说一句就终止了，这样不但无法破冰，还会给自己带来新的尴尬；最后是指令，如同长跑到了冲刺阶段。指令就是发出一些信号来增进关系，这是非常重要的一环。

破冰的目的是消除人和人之间的隔阂，打破人和人之间的沟通障碍。一定要注意，破冰的目的不是为了占上风，不是为了赢，而是为了后续的沟通建立起信任。所以，不管是在正式还是非正式的场合，一定要想办法提前获取别人的信任，这样才能建立一个良好的沟通氛围。比如，参加一场聚会，有很多人，只有先建立信任才能更好地打开话匣子。具体怎么做呢？我们一一来展开。

一、开口三板斧

开口不是简单地说话，也有方法可供参考和学习，我们称为"开口三板斧"，分别是寒暄附和、自我介绍和创造同频。

在想插话的时候需要找到一个合适的时机才不会显得突兀，创造时机和切入点就是通过寒暄和附和做到的。当别人讨论一个话题时，你选择跟进。

我经常去高校和企业讲课，在企业内训的时候发现听课的人大概分为外向和内向两大类型，我分别称外向为太阳型的人，内向为月亮型的人。月亮型的人听课的表现是一进教室，打开自己的资料包，找到写有自己名字的座位，坐下来摆好资料，偶尔翻一下资料或大部分时间在看手机。他们几乎沉浸在自己的世界里，不关心周围的人。太阳型的人一进教室几乎不太关注物，他们更在乎场内的人，会随时随地同别人打招呼。问一同听课的人"你早啊""你从某某地方过来的吧""你昨天笔记复习得怎么样，我都没看"等。他们一进场就像太阳一样，使整个环境都热闹起来了。那些看似对人没有什么营养的问候就是寒暄。通过寒暄和附和能找到一个开口的时机，只有开了口才有机会和别人继续谈话。这样就进入了第二步，做自我介绍。

看似简单说出自己的名字，却是沟通中很重要的一个环节。你的名字能够被更多的人记住，你就拥有了比别人更多的机会，同时也能与别人产生更多的连接。在做自我介绍的时候如果能与众不同，那就更好了。在强力输出自己名字的同时要记住别人的名字，能在第二次说话时叫出别人名字的人，往往情商特别高。记住他人的姓名对他人来说，这是有声语言中最好听的声音。尤其是不太熟悉的人能记住自己的名字，就会让对方得到一种被需求、被满足的心理感受。

寒暄和自我介绍之后，就要有意识地创造同频。有声语言和无声语言都可以创造同频，谈话的内容就是有声语言，比如，"你是上海人，我也是，咱们是老乡""你爱好踢足球，我也爱好踢足球，咱俩的爱好相同""你是华中科大的，我也是，我们是校友""你认识谁谁谁，我和他是朋友，咱们都是朋友"……依照同乡、同校、同好找到彼此的共同点来达到同频。无声语言就是行为动作和表情，对方笑你就附和着笑，对方不开心你也表现出不悦；对方是封闭的动作，你就不要刻意做打开的状态；双方向你点头示意，你也点头表示回应……根据对方的喜怒哀乐去调整自己的喜怒哀乐，就是一种同频。

做到了寒暄、自我介绍和创造同频，就已经把开口这件事做好了。

二、闲聊三无原则

闲聊是把前面所处的阶段继续向前推进的一个重要法则。具体怎么推进呢？我们要了解两种文化，分别是东方的椰子文化和西方的桃子文化。椰子的外壳特别硬，内部特别软，所以东方文化造就的沟通文化是擅长与熟人交往，跟熟悉的人能够建立起感情连接，但普遍缺乏和陌生人表达友善与爱的机会和能力，所以在很多人看来，中国人是内向和慢热的，很难打开自己。而西方人的文化就像桃子，外皮特别薄，果肉很丰富，但内核非常坚硬，所以人家表现得十分有原则。他们特别擅长与陌生人交往，从陌生到熟悉十分简单。我们要学习这种桃子文化，既容易打开陌生的局面，又能坚守自己内在的原则。但在学习桃子文化方面有一个三无原则，分别是无意义、无比较和无评价。

1. 无意义

无意义就是讲话之前不要想着教育别人，给别人上课，千万不要讲那些看上去特别有意义、特别一本正经的话，这样严肃的话题会让人觉得你既无聊又刻板。比如，你跟别人讨论当下的世界格局，这些事别人可能并不关心；但如果你讨论一下在来的路上看到了一只小狗，说说它是什么颜色的、跑得有多快，然后它从车上掉下来之后，被好心人捡到还回去，整个过程虽然没有意义，但是很有趣。所以，无意义的话题要多讲，比较容易拉近与别人的距离。

2. 无比较

无比较就是不要见了人就聊别人的年龄、收入、住在哪里、偶像是谁、儿子在哪个学校读书、女儿上班了没、找对象了没。这其实都是潜在的比较思维在作怪。没有对比就没有伤害，每个人都不想说这些，都害怕比较。所以，千万不要问这些带有潜在伤害风险的问题。

3. 无评价

无评价就是千万不要特别简单地暴露自己喜欢什么或讨厌什么。比如你去拜访一个客户，他的桌子上放着一本书，然后你特别开心地说："我特别喜欢这本书，我觉得这本书讲得特别棒，作者怎么怎么样……"

虽然你说了一大堆,并表示了你强烈的喜欢,但是对方却说:"我昨天在机场买了这本书,看完之后觉得不怎么样!"这样直接就让沟通陷入了死胡同。

你不知道对方的喜好是什么、对方的判断是什么,但这个评价发生了之后,他就会对你产生评价了。所以,无论对方的喜好如何,你都不能轻易做出评价。比如,对方喜欢一个偶像:"你知道吗,我喜欢QQ音乐三巨头的歌。"但你说:"我才不喜欢那些歌呢,我喜欢那些能够疗愈心灵的大师作品。"有了评价,你对于别人的评价就会产生厌烦,因为喜好之间存在很多差异,所以千万不要轻易聊这些事情。每个人都有不同的喜好,这无关对错,但说得不好却能产生价值观的对立。

在闲聊阶段学会规避以上三点,基本上就会聊得十分开心了,你也能够跟上对方的节奏。另外,还要说一些话题,与对方真正产生同频。

(1)生活话题。在说话之前观察和了解一下对方。比如你看对方长得非常健硕,就知道他平时爱运动,他可能有健身的习惯;你看他每天换衣服,就知道他喜欢穿搭,喜欢品质和精致的生活。这样你才能投其所好,找到对方喜欢的事情展开话题。有一些建议,比如说休闲的话题、热门的话题、高雅的话题、典型的话题和万用的话题,像文艺、体育、旅游、爱好,聊这些会激发所有人的兴趣。但有一个注意事项,当你的体验足够丰富的时候,聊起这些内容才会更加自在。所以,平时要注意体验生活,创造精彩的生活等于丰富自己,等遇到别人的时候才容易聊得更自然。

(2)热门话题。比如时事热点、民生新闻,这些都可以聊,但是千万不要有太过清晰的政治倾向或绝对的言论。没有一个人喜欢那种斩钉截铁的人、坚持不是黑就是白的人,看着是一种刚硬,实则是不懂迂回和沟通技巧的固执,容易引起别人的不适和反感。

(3)高雅话题。在聊高雅的话题时,不要不懂装懂、班门弄斧,可以用请教和谦虚的姿态来聊,那样对方会觉得你谦虚,知识面越广的人往往越谦虚。

(4)典型话题。就是行业当中的一些典型人物或者领域当中的重要事件。当你聊这些的时候,所有人就默认大家是自己人了,所以讲内行话会快速增进你们之间的感情。

(5)万用话题。就是那些最简单的寒暄话术,比如天气怎么样、吃饭了吗、路上顺不顺利、玩得开不开心……越简单越自然,因为聊这些话题时每个人都没有压力。

三、指令三步走

指令阶段就像长跑的冲刺阶段,会让沟通有一个更好的结果。这一阶段需要分为三步走,分别是留联系方式、落实行动和二次见面。

第一要留联系方式,因为这才是连接的开始。在留联系方式的时候一定要注意一些基本的礼节,你可以询问别人可不可以加。如果是有朋友在,则还要征求一下朋友的意见,比如:"我可以加一下微信吗?我可以要一个你的电话号码吗?"另外要直奔主题,不要拖,不要磨叽,当你犹豫和纠结的时候,就错过了机会,而你破冰的最后一步就没有达成,也就是说你持续一直在跑,但是没有撞那条线,你就很难完成比赛,更不要说取得好的结果了。当然,你还要做一些详细的备注,以免忘记,或者日后见面的时候认错人，陷入尴尬。

第二要去落实行动，你可以称赞夸奖对方做的某一件事或者一件物，然后做出一个简单的请求，最后快速落地。比如："高兴老师，我觉得您的声音太好听了，您每天都是怎么训练的？有没有一些简单的训练素材，您能发给我吗？"你看，这是一个简单的请求，就可以快速落地。当我做了这件事情之后，我们之间就达成了一次小小的合作。

比如，一个同事对我们的客户说："你的裤子真好看，能不能发我一个链接啊？"发了这个链接，两个人就开始了对话。这就是一个非常好的开始。

第三叫作二次见面，我们一定要创造更加深入的见面机会，当面去谈一谈合作、聊一聊感情等。比如："我们约定一个下次拜访会面的时间""下周我们有朋友一起聚会，你要不要一起来"。

每个步骤都至关重要，你可以一步一步来开展，但是一定去做这些动作，因为没有指令就没有冲线的动作，你的整个破冰就没有完成。当你学会了以上破冰的步骤和方法后，也就真正掌握了闲聊秘籍。

重点回顾

闲聊破冰的三个方法。

（1）开口三板斧：寒暄附和、自我介绍、创造同频。

（2）闲聊三无原则：无意义、无比较、无评价。

（3）指令三步走：留联系方式、落实行动、二次见面。

第三章

让你拿结果
——商业表达就是让结果落地

第一节　巧妙提问

提出一个问题，往往比解决一个问题更重要。

——爱因斯坦

沟通中有一个逻辑前提，那就是解决问题之前需要提出问题。我们在日常工作、与人交往、家庭关系当中都会遇到一些突发状况或情绪爆发，就是因为一些潜在的小问题没有被解决，久而久之积累到了问题的临界点，所以才会以爆发式的状态呈现出来。

对于"如何提问"这个问题似乎被忽略了，就像做销售的职业经常会被训练如何去表达（说），高级的也会训练如何聆听（听），但鲜有训练如何去（问）。提出问题其实是发现问题的过程。当我们提出了一个问题时，就发现了一个问题，我们才能够去解决一个问题。这是一种逻辑关系。也就是说，提出问题是发现并解决问题的一种非常好的途径和方法。

我们来看一个案例：

小王的同事工作效率很高，但不善言谈。小王向他请教工作经验总是很苦恼，感觉同事总是问一句才答一句，多余的话一句也不讲。后来，小王发现原来是自己提问题的方式不对，自己提的问题都是封闭式的，才导致对方不喜欢和自己沟通。于是，小王学会了用开放式的提问方式，效果就好多了。比如："你的工作效率这么高，有什么窍门吗？""我该怎么做才能像你一样高效率地工作呢？""你是怎样做到一直这么有干劲儿的？"这样提问，同事明显比之前活跃了，并结合自己的情况回答了他的问题，也不再是只言片语，而是能够就一件事情展开来说。同时，同事的回答对小王也有不少的帮助和启示。

所以，在沟通中，提问也是有技巧的，如果问不好，不但得不到自己想要的结果，还会惹别人厌烦。我们要学的技术就是通过提问来解决一些隐患和问题。

一、不同提问类型的优劣

说到提问技巧，我们要判断一下自己日常是怎样进行提问的。提问大概可以分为四种类型。

第一，别人非常乐意回答的问题。如果你提出的问题对方很抗拒，这就不是一个好问题。好问题代表情商，只有别人听着想回答的问题才是有效的、具备技巧的提问。

第二，你的问题是否有价值，能否让别人得到与目的有关的新发现。

如果有新的发现就是好问题，没有新的发现就是差问题。根据这两个标准，可以构筑一个十字象限，如图3-1所示，在纵轴上是关于新发现的，也就是有没有更多的价值。有新发现就是有价值，没有新发现就是没有价值和营养。

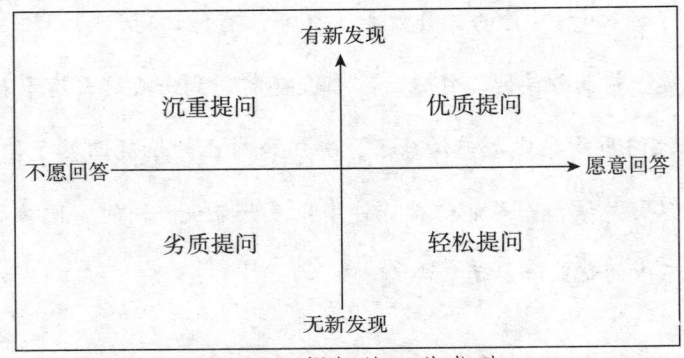

```
                      有新发现
                         ↑
            沉重提问    |    优质提问
                         |
   不愿回答 ─────────────┼─────────────→ 愿意回答
                         |
            劣质提问    |    轻松提问
                         |
                      无新发现
```

图3-1　提问的四种类型

如果你问的问题别人既乐意回答，又能够有新的发现，则可以称得上是优质问题。比如，"你的气色这么好，是怎么做到的呀？"这样的提问，别人就乐意回答。如果对方能够说一些保养的方法，那就是问题中的新发现。再比如，"明天的演讲，你会按照什么顺序传达信息？怎样最能打动听者？"这样的问题，都是优质提问。如果别人既不愿意回答，又觉得在问题中发现不了新的价值和营养，这就是劣质问题。比如，"昨晚在哪儿喝酒了？"这样的提问，对方即使愿意回答，但也不会有价值，所以不能算是一个好的提问。又如，"你怎么还不结婚啊？""你做的是什么工作？"这就属于劣质提问。

第三，提的问题是轻松的还是沉重的。当我们遇到轻松的问题时，可以引导对方多讲。沉重的问题也不是完全不能提问，而是要讲究方法和技巧。比如，职场面试官提问应聘者："你觉得你的缺点是什么？"这相对来说就是一个略显沉重的话题。沉重的话题如果引导得好，也可以变为优质的提问，能够激发别人思考并发现问题带来的价值。

二、"三心二意"的内功心法

知道了提问的类型之后，我们要学习一项技能，叫作"内功心法"。很多时候我们提不出优质的问题，可能一开始就偏离了方向。所以，提问要先练内功。我们可以称这套内功心法为"三心二意"。

1. 关怀心

提问题的关键是要和对方产生共情，你要真正去理解他，找到他的真实需求，这样才能抓住谈话当中的关键词。关怀离不开倾听，如果对方还没开口你就滔滔不绝，又怎么能捕捉到对方的需求而有针对性地去提问呢？不能倾听别人说话的人往往不具备同理心，更谈不上关怀别人。

2. 好奇心

提问要带着察觉和探究的意图，要经常观察自己身边的人，你想与别人共情，先要了解对方。了解对方也是一种关心的表现，但不能用八卦的心理去探究别人的隐私，而是要通过沟通去关注一些细节，在这些细节上发现对方内心的真实想法。好奇心就是发现别人没有想到的、没有发现的一些问题。

3. 探究心

要明白对方沟通中的说话动机，对方为什么会有这样的需求？人是多元的，人的需求也是千差万别。探究意识就是发现别人与众不同的地方，这样提出的问题才能有针对性，对方也才会乐意回答。

4. 敬意

人人都渴望被尊重，尊重既是给予别人敬意，也是带给自己的赏赐，一个能够对别人心生敬意的人，往往是更优秀的人。有句话说得好，"之前我以为别人尊重我是我优秀，后来才发现别人尊重我是别人优秀。"沟通中的敬意就是不去反问、不去质问，而是在静静倾听的过程中捕捉对方的心思。

5. 刻意

无论在什么场合，沟通都要做好充分的准备，足够的储备才能实现临场自如发挥。在各种场合都有可能遇到提问这种需求，所以你要随时储备一些问题。从今天开始给自己储备一个问题库，遇到什么样的人提什么样的问题，他最近关心什么，我应该问什么，什么样的问题是优质问题，什么样的问题我不可以问。你把这个问题库储备起来，刻意地去训练，然后在不同的场合遇到不同的人时把它拿出来，那你一定是赢家，因为你有准备。

想要运用好"三心二意"，离不开提问前的铺垫，就像我们在闲聊秘籍中所讲的，说一些看似无意义的废话。罗永浩在《脱口秀大会》上面对所有的选手，当他觉得有一点点技术不太成熟，想提供一些建议的时候，他就会用"我有一句话不知当讲不当讲"来做铺垫，然后告诉你，我为什么问这个问题，这个时候你就更乐于接受。所以，这句话看似无用，但是如果你真的需要问出某个敏感问题，你就需要加上这样一句话。

当具备了"三心二意"之后，我们要学会关怀别人，对别人有好奇心。我们要有利他的思维，利他思维一定是关心和好奇别人怎么想、舒服不舒服、自在不自在。还要有一颗探究的心，我们要去研究，不能够把所有的问题都看得太表面，而要深入，要去剥洋葱。当我们有了"三心二意"之后，我相信你再提出的问题一定会比以前高级和走心，这样也会提升你的情商。

三、解决问题的基本招式

有了内功心法之后，我们要学习的就是提问的具体步骤，称为"基本招式"。这个招式中分为三种提问，分别是开放式的提问、苏格拉底式的提问和六步问题线。

1．开放式的提问

聊天中经常有尴尬的场面出现，聊着聊着没了话题，等于把天聊死了，这样的状况是因为有人进行了封闭式的提问。封闭式提问是可以用"是"或者"不是"、"有"或者"没有"、"对"或者"不对"等简单词语来作答的提问。比如，"你现在心情好吗？""你感到紧张，对不对？"这类问题通常用"对不对""会不会""要不要"等形式提出，旨在缩小讨论范围，获得特定信息，澄清事实或使会谈集中于某个特定问题。其特点是来访者可能的回答都包括在问题之中，易于回答，节省时间，但难以得到问句以外的更多信息，且具有较强的暗示性，不利于获得真实的情况。而这样简单的回答几秒就能结束聊天，所以容易把天聊死。即使勉强维持，也会给对方造成紧张和压迫感。而开放式提问大多数以"是什么""为什么""怎么样"的形式提出。好的开放式提问会让对方畅所欲言，有较大的自由度，会收到千百种不同的答案，可以帮助自己收集更多的信息。当你提出开放性问题的时候，就像写一个命题作文，给出一个题目，要求对方谈谈对这件事情的看法。对方要展开他的想法去说，还需要思考和解释。开放性的问题对于搜集信息非常有帮助，你会了解这个人的观点、立场和价值观，以及他的有关需求，因而适用于谈判、销售和深层的互动。

我们要学习的是从封闭式提问到开放式提问，由浅入深。封闭式提问有一个弊端，就是从自己的经验和已知的预设出发进行询问，它放弃了对对方生命和经验的真实好奇。它裹挟了一个强大的立场性发言，背后所隐含的价值观是"我知道的""我明白的""我懂的""我猜到了"。比如，一个项目经理向下属提问："项目进展得这么慢，是不是你不上心？"这是一个封闭式的提问同时还带着指责的状态，背后的潜台词是"我知道就是你不良的态度拖慢了整个项目的进度；我知道就是因为你不上心，所以这个项目才没有完成好"。它背后蕴含的价值观就是：我的判断是对的、我明白了、我知道了、我懂了、我猜到了、我是对的，然后你是错的，直接批评，直接否定。在日常的沟通当中，如果你想体现自己的情商，千万不要用这样的方式去提问。

知道了封闭式提问的诸多不利，我们要学习的是如何用开放式的提问来让沟通更有价值。

开放式提问有两种方法：一是扩展提问；二是深挖提问。

扩展提问就是想方设法收集更多的信息。提问的话术是：还有什么？比如："有什么遗漏吗？有什么补充吗？还有什么要说的吗？"

举个例子：

企业客户经常来找我去做训练，之前有个客户来找我，团队就会问客户："您这边的预算是多少呢？"客户说预算不足5万元，然后我们团队的对接人员就说："怎么可能，我们高兴老师的档期排得非常满，给多少大型的企业做培训，这个价格绝对不可能合作。"这里用到的"怎么可能""绝对不可能"都是封闭式的，并且裹挟着的结论就是"你不懂行，你不了解，对于高兴老师课程的价值你没有看到"。当这些观点提出之后，对方就会觉得既然你认为我是这样的，那不如我去找别的老师好了，这样是绝对不利于合作的达成的。这时候，如果用到扩展提问，就要想想有什么补充或者看看有没有遗漏。如果听到客户说只有5万元的预算，则应该再扩展追问一下："您的企业打算做怎样的训练？如何推广？除了这些还有什么？"听到客户的继续回应之后，还可以把我们的课程特色告诉客户，让客户认识到课程的价值，才能有后续继续探讨费用和合作的可能。

深挖提问就像剥洋葱一样，多问一些"为什么"。从前面的例子来看，如果客户想做训练的预算是5万元，那么他们可能是一家初创企业，也可能没有接受过这类型的沟通训练不了解市场，再或者是客户想要与我们长期合作。这就是深挖提问才能判断客户出价背后的原因。

所以，开放性的提问并不难，只需要掌握横向扩展提问"还有什么"和纵向深挖提问"为什么"，就会让沟通走向更积极的一面。

2. 苏格拉底式的提问

如果对方向你进行了开放性的提问，你应该怎么回答呢？这就是我们要学习的第二种方法——苏格拉底式的提问。

当你寻求他人的建议时，最终给你帮助最大的人往往不是给你标准答案的人，而是启发你深入思考的人。苏格拉底和他的学生之间的互动就是这样。学生问苏格拉底："老师，我想知道什么是正义？"

苏格拉底就问学生："你觉得什么是正义呢？"

"我觉得正义是不欺骗。"

苏拉底又问："有个父亲为了劝孩子把药喝下去，告诉他这是糖果，你觉得这是正义吗？"

"好像也是，但这是欺骗呀！"

"将军跟士兵们说，我们的援军马上就要到了，所有的士兵们鼓起了勇气，完成了战役，取得了胜利的结果，但援军并没有来，你觉得这是正义吗？"

"是的。"

从上面的提问中你会发现，苏格拉底在不断引导学生产生更多更丰富的想法。所以，真正能够引导别人想出更多、更丰富的答案，并且自己做总结的人，就比那个给出一个标准答案的人要高级得多。

当你被问到问题回答不上来的时候，首先要克制自己的表达，不要急于给出观点和建议，而是要与对方核对沟通的主题，比如"你说什么""是这样吗""是我理解的这个意思吗"等。在核对完主题后，可以跟对方说你不太明白，可以进一步探讨。在继续探讨的过程中，可以连续追问一些有洞察力的问题，答案就会慢慢浮现出来了。这是一种非常好的提问方法，能够通过提问回答别人的提问。

3. 六步问题线

六步问题线，也可以称为帮助自己或朋友远离负能量的提问方法。如果你每天都能按照这六步进行，就会充满自信和能量。

比如，有个学生问我："高兴老师，我觉得自己好失败，为什么连房子都买不起？"

当他来问我这个问题的时候，我跟他说："你觉得你的问题是一个积极的问题，还是一个消极的问题？"他说："老师，我知道我很消极，因为最近很丧，但是我就是不知道为什么自己这么失败！"他一直给自己消极的暗示，他失败、他买不起房子。我们怎么通过六步问题线来帮他找到答案呢？

第一步，把负面的问题转换为正面的问题，把那些不想要的转换成想要的。他的问题是不想失败，想买房子。所以，不要说"为什么我这么失败""为什么我连房子都买不起"，而要说"有没有什么办法能够让我买得起房呢？"这就从负面变成了正面，这个问题瞬间就转换了。

第二步，从封闭式提问变成开放式提问。比如，要问"现在有没有办法能够让我买得起房？"答案是有。如果有办法的话，接着要把"我该如何才能够买得起房子呢？"这个封闭的问题变成"我该如何买得起房子呢？怎么买得起房子，你有答案吗？这个答案就是你要变得更有钱，你才能够买得起房子"。

第三步，从单数变复数的问法。你可以用"哪些、可能、可以"等词汇。比如，"我有哪些办法可以提升经济能力，买到房子？"它是一个具体的方法。

第四步，聚焦这个问题。在"可以让我变有钱买到房子"的这一堆问题当中，紧接着我们要聚焦，哪一个是最多、最好、最强的，哪个方法是能够最有效、最快速地提升经济能力，我们要找到这个聚焦的问题。

第五步，加入动态的力量。要持续不断地改进，让这个问题得以实现。现在可以持续开展哪些最有效的行动来提升经济实力，才能够买得起房子呢？一定要加入这个动态的力量。

第六步，系统思维。结合时间、空间、人物来提出一个增强使命感的最终问题，这个最终问题可能是这样的："我可以持续开展哪些最有效的行动，最大化提高我的经济能力，让我买得起房子，给家人一个幸福的家？"

这六步走下来，你会发现，从最开始负面的"我好失败，为什么连房子也买不起"到最后有了积极的结果，变成了一个正向的引导。

> **重点回顾**
>
> 巧妙提问包括三个方面。
>
> （1）四大类型：优质提问、劣质提问、轻松提问、沉重提问。
>
> （2）内功心法：三心二意，即关怀心、好奇心、探究心、敬意和刻意。
>
> （3）基本招式：开放式的提问、苏格拉底式的提问、六步问题线。

第二节　精准说服

这个世界上影响别人的唯一方式就是与别人谈论他们想要的东西，并告诉他们如何获得。

——卡耐基

在日常沟通中，用到说服的地方有很多，比如推行自己的方案、推销产品、希望得到认同等，都需要说服身边诸如老板、下属、客户等。为了达到说服别人的目的，有时口若悬河，有时死缠烂打，有时穷追不舍，可谓十八般武艺都用到了，却不能够很好地说服别人。可见，说服在沟通中并不是一件容易的事，需要我们投入专门的时间学习，然后才能有效和精准地说服别人。

因此，想让说服力倍增是有一套逻辑的，这个逻辑代表前因后果和承接关系。看似我们通过一句话、一段话说服了别人，达成了合作，并不是因为你和对方关系好，或者你讲的话多有诱惑力，根本的逻辑是那个听你说话的人自己说服了自己，他给自己接受你说的这件事找到了合理的理由。所以，有一句非常值得琢磨的话：真正的说服是不说服。那如何才能达到这种效果呢？这就是说服原理要解决的问题。

一、解密说服技术的底层逻辑

说服原理有多个维度，我们一一来看。

1. 好感原理

好感原理很容易理解，你想要说服一个人，首先要让对方不反感你，对你有了好感，才能有后续的互惠、互利。如果没有好感，先入为主的感觉就是距离与陌生，等于关上了进一步沟通的大门，又怎么可能产生说服呢？产生好感的方法有很多，比如外在的行为举止和说话的气场等，需要平时多加练习。人们喜欢那些欣赏自己的人，如果有人见到你之后就开始夸你，无论你做什么事情，他总是能够在你做的事情当中发现闪光点，他每一次见到你永远是赞美的话，那你喜不喜欢这样的人？反过来，如果一个人总挑你的毛病，总是看到你的不好，总是见到你之后说一些负能量的话，请问你有可能被这样的人说服吗？不但没有可能，甚至在这个人对你进行说服之前，你对这个人已经形成了一种不自然的条件反射和抗拒，他一说话你就觉得"他是在攻击我"，你的心里开启了防御机制，很难让说服开展。

如果你想说服谁，就一定要给对方营造一种"我很喜欢你"的感觉。而当这个感觉建立了之后，好感原理才能发挥作用。想让好感原理发挥作用，需要做好两件事情：同频和共鸣。

话不投机半句多。当我们发现和对方聊不到一起的时候，谈话很难继续下去，说服就更不可能了。所以，建立好感离不开同频和共鸣，只有产生了共鸣，才能继续下一步的沟通和说服。

2．影响力原理

当一个人拥有影响力的时候，他说服别人比普通人要更容易。比如专业的歌手给你推荐一些音乐，你可能就会很信服他；五星级的大厨推荐做菜的方法，你会很信服他；短跑世界冠军教你怎么跑步，你就更容易接受……所以，一个人的社会影响力本身自带说服功能。当我们具备了影响力之后，就能够增强说服力。

3．权威原理

权威原理和影响力原理相似，当你在某个领域拥有权威时，就为说服别人奠定了基础。比如，人无论平时有多厉害，到了医院就得乖乖听医生的话，因为医生就是病人必须信任的权威。如何怎让自己有权威呢？第一，为自己背书；第二，为自己的品牌或产品找到一个支点，也就是建立个人品牌和产品品牌。在个人方面，要让别人知道你是谁，取得过哪些成就，获得过哪些奖状、证书。在产品方面，要给产品建立符号，比如产品宣传挂上如奥运冠军、金牌品质、权威医师协会等词汇。

4. 稀缺性原理

稀缺就是让大家有一种期待和得不到的渴望。比如，有些品牌在推出新产品的时候找人排队，营造一种抢不到的情绪氛围。

5. 一致性原理

一致性原理就是让对方觉得你和他是自己人或者对方觉得你懂他。优秀的销售人员与客户会保持一致，比如客户是轻声细语的人，销售人员就不会声如洪钟，不会让客户觉得有压力。所以，在沟通的时候不要忘了细节，包括节奏、身体姿态、呼吸、动作、表情等都要追求一致。当对方露出喜悦的表情时，如果你皱着眉头，就会让对方觉得"你不懂我"。所以，只有让对方觉得你和他是自己人，才能促进成交。

6. 互惠原理

有一句话叫作"将欲取之，必先予之"，如果你想从别人那里拿到什么，你就先要给予别人什么。换句话说，你本身就是一面镜子或者你遇到的每个人都是一面镜子。如果你觉得大家处处针对你，则要考虑一下是不是自己哪里出了问题，你没有给予别人，也不要妄想从别人那里得到。

哲理故事"南风和北风"就道出了互惠原理的本质和真相。

一天，威猛的北风正驾着强劲的气流飞行，就在它快要到达南方时却遇上了南风的阻拦。北风非常生气，对南风大喊道："你为什么要挡住我，没看见我在前进吗？"南风笑着回答："你已经越界了，这里不是你待的地方了,赶紧掉头回去吧。"

北风还是不服气:"那你为什么待在这里?难道我没有你厉害?要不我们比试比试!"

南风说:"好啊!比什么?"

"就比看谁能把行人身上的大衣吹掉!"北风说。

于是,北风施展开它的威力,呼啸着箭一般地奔向大地,带着冰雪,带着寒气。在凛冽的北风中,行人们的大衣并没有被吹飞,反而裹得更紧了。

南风只是轻轻地吐了口气,大地冰雪消融,花红柳绿。太阳暖融融地照在行人的身上,他们不由自主地脱下了大衣。

北风强硬又冷,南风柔和又暖,所以,如果我们要去说服别人,要切换我们的表达模式,建立在一个平和、温暖或者和谐的环境里,这样才让人舒服,彼此不会产生对抗。在互惠原理中要重视两件事情:一是你的方案能够给对方带来什么好处;二是你是否能够给予对方想要的东西。如果你能够回答这两个问题,就一定能够帮助你提高说服力。

二、说服的关键是引发共鸣

所有的说服高手,无不是做到了与对方产生共鸣。无论是职场还是家庭,掌握了共鸣的能力就等于拥有了让别人喜欢的能力。演员能够引发观众共鸣,就会让观众感动流泪;销售人员能够和客户共鸣,就会增加成交的概率;父母能和孩子共鸣,就能让孩子接受自己的意见而不会对抗。那么，如何引发共鸣呢？

1. 阻碍共鸣的四个方面

说服不等于简单粗暴地让别人服从，而是通过自己的语言技巧，让对方愿意聆听。现实的状况是，任何人都不太愿意被别人说服，这是自我保护的一种潜意识。因为不愿意被说服，所以想要引发共鸣就会遇到阻碍，一般包括过于强势、拒绝妥协、争论无敌、一蹴而就。

（1）过于强势。很多人喜欢用强势的命令方式去跟别人讲话，比如拿着鸡毛当令箭的小部门领导或者由领导授意负责项目而趾高气扬的同事。强硬的命令式会令人反感，往往会成为别人拒绝的理由。还有一类人，自己过得不如意，情绪管理不好，表现在语言上就十分强硬。就像寓言故事中的北风，冷冰冰地让人想要逃。

（2）拒绝妥协。说服是一个谈判的过程，不要总想让人服从你的意愿，而你却从不妥协，这样很难达成共识。说服绝对不是一方压倒另一方取得胜利，而是双方实现共赢，那种我赢你输、我输你赢的方式绝对不会让合作存续下去。在开展任何谈判之前，都要想好自己的妥协程度。带着一种真诚的状态，有来有往，绝对不能一味地打压别人，而自己半步都不退让，这样的谈判不会成功。真正的智者是懂得妥协的，俗话说"吃亏是福""退一步海阔天空"，就是这个道理。

（3）争论无敌。如果说引发共鸣是一种高级状态，那么说服的最低要求就是要好好说话。一上来就趾高气扬的，别人是无法与你好好沟通的。对方不是我们的辩手，而是要达成合作的战友。所以，不要做无意义的争论，而要抱着一种友善、平和、理解、合作的态度来沟通。

（4）一蹴而就。不要把说服当成一句话就能搞定的事情，说服是一个水到渠成的过程。欲速则不达，尤其遇到大型合作，更不可能一次就能谈成，往往需要多次沟通。所以，不能为了追求效率而不顾沟通的质量，追求快反而容易谈崩。

2.产生共鸣的技巧和方法

明白了阻碍共鸣的四个方面，那么在平时使用说服技巧的时候就要提前规避这些阻碍。接下来，我们来学习产生共鸣的技巧和方法。

（1）高可信度。一个人只有让人觉得可信，才有可能让人产生共鸣。比如，一个公司或团队，总有某个人让人觉得是权威，别人对他产生信赖，只要他说的话大家都认可。在我经营公司的头几年，深刻地体会到了这件事情。有一个大哥，他的企业做得非常好，所以我总向他请教关于公司的经营和发展问题。我一直认为听他的准没错，因为他是一个具备高可信度的人，我会按照他的建议去解决公司的问题。在高可信度方面，我们怎么去建立呢？一是提高专业性，比如直播带货，同样的平台、同样的物品，专业性强的人更容易做出成绩。二是找专业的顾问，比如，找专业的人来介绍产品。三是找专业的平台，引用权威的信息，这样也能让自己的产品具备高可信度。

（2）措辞方式。通过不同的措辞方式，能够极大地提高我们跟别人产生共鸣的概率。同样的事情，不同的说法，说服力绝对有着天壤之别。

有一个客户，需要一些培训的服务，我需要派公司的老师去授课。

在跟老师沟通之前,如果跟老师说"这个客户非常难缠,我必须安排你去,你必须按照什么思路去做",则会显得比较强硬。于是,我换了一种说法:"客户跟我沟通了两个小时,现在客户希望最后敲定一下细节,我觉得以我们的实力、专业技能和服务态度肯定没问题,我提示几个客户关心的点,你到时候注意一下。"这样说话,措辞就委婉了很多。措辞方式的背后是立场,所以,在说话之前多站在对方的立场上思考,说出来的话就容易让人接受。

(3)愿景思维。有一句话叫作"No Vision, No Decision",意思是没有愿景,就没有决策。决策是由愿景引导的,"愿景"也就是具象的画面。举个例子:很多卖房的高手都有非常熟练的话术。有一次,我去参观了一个养老社区,发现工作人员讲解得很专业,方方面面都很到位,足见他们在前期下足了功夫。当他描述出来这幅具象的画面和愿景的时候,我仿佛置身其中,脑海中就会出现一幅具象的画面:我推开门,来看爸爸妈妈,把孩子带给他们。那幅画面深深地触动了我。

所以,在说服别人的时候不要讲道理,而要讲画面,把能够给予别人的利益描绘出来。

(4)情绪脉搏。中医问诊讲究望、闻、问、切。想要说服别人,也要学会把好情绪的脉。说服别人需要理性和逻辑,但被说服的人只需要感性,所以我们经常说消费都是冲动产生的。把脉就是分析你要说服的人现在是冷静的还是冲动的。如果他是冲动的,那么你可以跟他讲讲具体的执行方案;如果他是冷静的,那么你需要调动他的情绪,让他变得冲动，或者说让他变得对这件事情感性，而感性的来源就是前面我们所说的愿景思维。

如何引导客户的情绪从负面对抗到积极配合，再主动地去联想和探索，这才是我们需要做的功课。大家一定要在情绪脉搏这件事上下功夫。

三、如何利用"两个承诺"

说服是影响力释放的过程。当一个人极具影响力的时候，他的说服力肯定也很强。如何释放自己的影响力呢？承诺可以帮大家做到。承诺和一致指的是两件事情：第一个叫作自我形象调节，使其言行一致，就是自己调节自己，让自己的言行保持一致，这个过程能够很好地释放影响力；第二个叫作顺应他人对我们的认知，当大众给我们贴上了一个积极标签的时候，我们一定要努力做到超越标签。所以，"两个承诺"一个叫习惯自己做出承诺，另一个是对梦想的宣告。自己做出承诺并拿到结果，别人会认为你很靠谱，这样的人设能帮你提高说服力。对梦想的宣告也相当于向公众承诺，高调地喊出自己的梦想，然后努力去实现。

重点回顾

精准说服包括三个方面。

（1）掌握说服的原理：好感原理、影响力原理、权威原理、稀缺性原理、一致性原理、互惠原理。

（2）引发共鸣：高可信度、措辞方式、愿景思维、情绪脉搏。

（3）两个承诺：自我承诺和公众承诺。

第三节　动员激励

用语言的力量，重塑生而不凡的你。

——高兴

在沟通中，人人都渴望得到别人的认可与鼓励，最常用的除了赞美，还有激励。激励不像赞美属于单纯表扬，而是表扬的升级。激励可以用于沟通的多种场合。比如，在职场中，领导对下属的激励是领导力的核心体现；在教育领域，如果教师和家长能够正确地应用激励，则是教师和家长教育力的真实体现。沟通中的激励不像给钱、给物、给地位那种带有条件的激励，而是纯粹用嘴就能激发别人的内在动力。

激励是一种比赞美还要强大的沟通工具。如果说赞美能促进关系与良好互动，让对方高兴，那么激励则可以促使对方发生改变，沿着你引领的方向前进。激励是沟通中的"魔法"，可以不动声色地塑造对方。

在动员激励方面有一个非常值得借鉴和学习的电影，那就是《冰上奇迹》。

《冰上奇迹》是加文·欧康诺执导的传记片。该片讲述了 1980 年 2 月 22 日，布鲁克斯率领的美国队最终在半决赛以 4∶3 的比分战胜了苏联队，并在随后的决赛中战胜了芬兰队夺冠，上演了永垂体坛的一幕冰上神话。在 1980 年以前，苏联国家队已经连续 4 次捧走奥运会冠军奖杯。他们训练有素、经验丰富，还多次以大比分战胜美国国家队和 NHL 明星队。初出茅庐的美国小将们所要面对的不仅是一个几乎难以战胜的强大敌人，而且还有自身战术素质与缺乏团队精神等种种困难。在决赛前，没有一个人看好年轻的美国队。但是，奇迹竟然真的发生了！这支队伍因此也被称为"冰上奇迹队"。

在电影中，教练使用的正是语言激励。教练让球员在已经熄了灯的球馆里一次又一次地来回滑行，一次又一次地喊着"again"。除了给他们惩罚，也给了他们警告，要求他们认真对待每一场比赛，即便没有上场，最后球员都累瘫在地。慢慢地，在教练的带领和激励下，球员之间有了凝聚力，从开始的敷衍到最后的齐聚一心，虽然每个人嘴上没有说要赢过苏联队，但他们心中都有一个信念。最后，他们成功了，创造了奇迹。

由此，人们也学会了一个词"PeP talk"，原本是指在体育比赛前用于激励队员的教练话术，是指主教练或者技术指导在比赛前的更衣室里，面对因紧张而全身发抖的选手，点燃他们斗志的话语。后来，大家都开始沿用，意思是给别人打气动员的讲话。

所以，这一节我们要重点学习的就是如何动员激励身边的每一个人，让他们变得更好，有内在动力去做事。

要想正确运用Pep talk，需要遵循五个原则：使用积极的话语、使用简短的话语、使用浅显易懂的话语、使用对方最希望听到的话语、使用能点燃对方斗志的话语。

一、激励之前的五个原则

1．使用积极的话语

人人都喜欢听到那些充满正能量的语言而排斥负面的语言。比如，遇到别人做得不好的事情，不要说"你的行为不对"，而要说"你一定也不想结果这么糟糕"；不要说"你真是不长记性"，而要说"你自己想想，还有哪些办法可以解决这个问题？"

以足球比赛为例，如果教练对球员说"别射偏了"与"看到球来了就尽情挥动你的腿"，那么球员会有什么感受呢？前者明显带有担忧和叮嘱的意思，而后者却充满信任和力量。有一个定律叫"墨菲定律"，意思是：如果你担心某种情况发生，不管可能性多小，它总会发生。如果教练对球员说"别射偏了"这种带有担心的消极暗示，那么球员往往就会射偏。又如，收到顾客的投诉，上司跟员工说"为什么你总是出问题"与"这是帮助我们提升服务的好机会"，员工又有什么感受呢？前者是批评，后者却是激励。

所以，使用积极的话语是为了化解对方紧张和不安的情绪，让人听了舒服，在精神上感到轻松，就会朝着积极的一面去发展。墨菲定律告诉我们，越担心的事情越会发生，如果一件事可能会变坏，那它终将会变坏。墨菲定律在心理学上有一定的依据，即负面心理暗示会对人的心态及行为产生不良的影响。反过来，如果你想让事情朝好的一面发展，就要给予你所激励的人积极的暗示。要打破墨菲定律的"诅咒"，就要用积极的话语给予别人积极的心理暗示，以肯定式的语言进行表述。

2．使用简短的话语

谁都不愿意听长篇大论，即使再有道理、再积极，如果说得太过冗长，也会浪费时间，消磨注意力，会引起别人的不耐烦甚至反感。简短的话语更能直抵人心。比如，教练想要激励队员，说道："对方的攻击力非常强，我估计他们会展开猛烈的攻击。越是遭到攻击，我们就越要顶住，总之一定要顶住。只要严防死守，就一定能等来机会。虽然比赛过程会很艰难，但你们一定要沉住气，等待机会的到来。不要灰心，要冷静，要找到对方的破绽，盯紧他们的主力队员，一刻不能放松……"队员听到这里，无疑像孙悟空听唐僧念紧箍咒，不但无法走心，还会主动关闭耳朵。这样的话语不但无重点，还难理解，还起不到任何激励作用。如果教练用简短的话说："发挥咱们的风格，严防死守，把握住这唯一的机会！"这样一语中的，不但能让队员受到鼓舞，还能感受到教练的威严与期待。简短有力的语言就是在最短的时间内说最重要的内容。我们都知道，越是简洁的语言越有力量。所以，在说话之前要对语言进行"断舍离"，把无关痛痒的话舍去，说简练有力量的语言，才能真正起到动员和激励作用。

3. 使用浅显易懂的话语

现在人们越来越喜欢听接地气的话，说白了就是浅显易懂的话。所以，激励的话语要通俗易懂，语言要流畅，不要太深奥，也不要引用过多难懂的事例或名人名言，一讲出来就能让人马上明白，而不要思考之后才反应过来。比如，教练对球员说："输赢的世界里并不一定是优胜劣败"，如果对方听不懂"优胜劣败"的意思，那么这句话就无法让他入脑入心。把"优胜劣败"换成更容易理解的白话，"不是强者一定赢，而是赢者一定强"就很浅显易懂，人们一听就明白了。浅显易懂的话有很多，不但能起到动员激励的作用，还会长久地流传下去。在《莫斯科保卫战》中有一句话：俄罗斯虽然土地广阔，但我们已无路可退。莫斯科就在身后！郎平曾对自己的队员说过："我们能做的一定是感谢国家对我们的培养，有这个机会，我们一定会升国旗奏国歌。"使用通俗易懂的话语，让人听得明白，这样才能迅速深入人心。晦涩难懂的话是在浪费宝贵的激励机会。

4. 使用对方最希望听到的话语

如果只说自己想说的，充其量是自说自话；只有说对方想听的话，对方才乐于接受。美国总统林肯说过："当我准备发言时，总会花三分之二的时间考虑听众想听什么，而只用三分之一的时间考虑我想说什么。"我们都知道，打仗要知己知彼，方能百战不殆。任何一种沟通，其成功的关键都在于听众对你的接受程度，因为他们才是这个场合的中心人物。在电影《勇敢的心》中，男主人公有一段激励的话说给在场的人："战斗，你可能会死；逃跑，至少能苟且偷生，年复一年，直到寿终正寝。你们！愿不愿意用这么多苟活的日子去换一个机会，仅有的一个机会！那就是回到战场，告诉敌人，他们也许能夺走我们的生命，但是，他们永远夺不走我们的自由！"台下听众热泪盈眶、振臂高呼，因为这些话正是他们想听的，每个人都渴望自由。

如果我们精通心理学，则能够通过察言观色洞察他人的心理，在说话的时候就会多几分把握，更加具有针对性。动员激励最怕的就是鸡同鸭讲，没有真正关心和理解对方想要什么，这样的动员激励起不到任何作用。所以，使用对方想听到的话语，就是激发自信的话语、满足期待的话语和给予安全感的话语。

5．使用能点燃对方斗志的话语

当说出来的话是为对方着想，真心诚意地去关心别人时，对方的斗志才能被点燃。在电影《阿凡达》中，杰克动员潘多拉星球上的人们一起对抗人类入侵："和我一起飞吧！兄弟们，姐妹们！我们要让他们知道，他们并不能得到所有。因为，这里——永远是我们的土地！"潘多拉星球上的人被这样的士气所激励，变得空前团结起来，最终取得了胜利。又如，在电视剧《芈月传》中，芈月执掌大权时对将士们的士气鼓舞，正是运用了这一技巧。芈月对着有些懈怠的将士们说：

"你们当初当兵，必定不是为了造反。你们沙场浴血、卧冰尝雪、千里奔波、赴汤蹈火，为的不仅仅是效忠君王、保家卫国，更是让自己活得更好，让自己在沙场上挣来的功劳能够荫及家人，为了让自己能够建功立业、人前显贵，是也不是？

今日站在这里，都是大秦的佼佼者，你们是大秦的荣光，是大秦的倚仗，是也不是？

……

将士们，我承诺你们，从今以后，你们所付出的一切血汗都能够得到回报，任何人触犯秦法都将受到惩处，秦国的一切将是属于你们和你们儿女的，今日我们在秦国推行这样的律例，他日天下就都有可能去推行这样的律例，你们有多少努力就有多少回报，你们可以成为公士、为上造、为不更、为左庶长、为右庶长、为少上造、为大上造、为关内侯、甚至为彻侯，食邑万户，你们敢不敢去争取，能不能做到？"

所以，想要点燃对方的斗志，需要的是真心为对方着想，只有这样才会让人觉得开始行动是为了自己。

二、动员激励的四个步骤

动员激励光有语言上的激起斗志只是成功了一半，还要把动员激励通过行动落到实处。这就是下面我们分析的四个步骤，也就是接受（接受事实）、承认（转换理解）、行动（指示行为）、激励（助推一把）。

举一个例子：小王即将在公司高管会议上第一次汇报新方案。作为他的上级领导，你应该怎样展开动员激励呢？

1. 接受事实

小王，你马上就要去做汇报了，很紧张吧？当然会紧张啦，我每次向老板做工作汇报的时候都很紧张，身体僵硬，我非常理解你的心情。

2. 转换理解

不过，紧张是因为你特别希望这次新业务能够获得成功，那可是你煞费苦心、下大力气、付出大量时间准备的啊！

3. 指示行为

现在你想象一下自己成为负责人后开展新业务的样子，还有老板、同事与客户开心的样子。很令人兴奋吧！那么，你把这种兴奋和你的想法告诉老板们就可以了。

4. 助推一把

结束后我们就去庆祝。好了，大胆去吧！

重点回顾

动员激励包括两个方面。

（1）Pep talk 的五个原则：使用积极的话语；使用简短的话语；使用浅显易懂的话语；使用对方最希望听到的话语；使用能点燃对方斗志的话语。

（2）Pep talk 的四个步骤：接受——接受事实，承认——转换理解，行动——指示行为，激励——助推一把。

第四节　向上管理

对于领导而言，谁能很好地汇报工作，谁就在努力工作；相反，谁不好好汇报工作，谁就没有努力工作。

——马克·H.麦考梅克

在职场中，沟通不可避免，但经常有不少员工在向上沟通方面成了"三不员工"：不敢说、不爱说、不会说。有的人面对领导，头脑就会一片空白，瞬间变成哑巴。在公司里，他们一直是隐形人，不敢发言，容易被忽视。还有的人在工作中遇到困难不爱跟领导沟通，喜欢自己瞎琢磨，既花费了时间也没有做出成果，反而引起领导对其能力的误解。也许你可以靠自己的能力征服上级，但不会沟通，仍然会阻碍你的发展。

不愿和上级沟通是一个很普遍的问题，主要有两个方面的原因。第一，觉得跟上级沟通有风险，比如怕被上级看低，怕说错话，怕说得多暴露了自己存在的问题。所以，从人性的角度来理解，很多人没有向上沟通的动力，宁愿少说或不说，而不会积极主动地跟上级沟通。第二，觉得向上沟通得不到好处。如果你想要让自己得到更多的信任与支持，在职场上如鱼得水，那么就要学习向上沟通的技能。

我们来看一个案例：

小王总是不喜欢向领导汇报工作，因为之前汇报时，领导说："这件事不要跟我讲，自己去做就可以了，你赶紧去做，不要让我说第二遍。"小王知道领导不喜欢听汇报，所以等到再有事情时，便会自作主张把事情处理了。结果，领导又说："谁让你这么做的？你为什么不请示、不汇报呢？你凭什么自作主张呢？"小王非常苦恼，汇报不对，不汇报也不对。这不是左右为难吗？他在想，那些在职场上左右逢源的人到底是怎么做到的呢？

小王的苦恼代表了大部分的职场人士。不论是私企还是国企，不论是乡办企业还是外企，在工作中天天都需要沟通，所以，沟通是每个人都需要掌握的技能。就像彼得·德鲁克所说的那样，"管理要解决的问题90%都是人的问题，而人的问题90%都是沟通的问题。"那么，向上管理就成了每个职场人不得不面对的问题。向上沟通需要与老板沟通、与上级沟通、与直属部门主管沟通。与不同的人沟通有不同的方法，但归纳起来，可以分为五种类型。

一、请示给选择

请示是向上管理所有环节当中高频发生的事情。任何一个人在职场上都不可能一直浑水摸鱼、滥竽充数，肯定会有不知道该怎么做的事情，这时候就需要用到请示。

很多管理者往往会遇到这样的情况——每天早上刚走进办公室，就有员工等着请示："老板，我昨天的工作遇到了一些问题，请问该怎么解决？"这时，很多人会发现，当听完下属的工作汇报后，这件事情并没有得到彻底解决，而原本计划今天要做的工作也因此耽误了不少时间。那么，如何避免这类事情的发生呢？我们需要了解管理上著名的"猴子理论"。

"猴子理论"源于《别让猴子跳回背上》一书，其中"处理时间管理"和"猴子在背上"是两种经典的管理方法。"猴子"指的是主管与下属谈话结束后的下一个行动步骤。比如，下属说："我有一个技术难题需要您的帮助。"领导回复："我让小王来帮你看一下。"这时候，"猴子"就跳到了小王的背上。如果领导说"这个问题我好像以前遇到过，我回头确认一下"，这时候"猴子"看似跳到了领导背上，其实已经没人喂养了。"猴子理论"就是关于如何喂养、管理"猴子"的方法论，既要避免猴子因无人喂养而被"饿"死，也要避免把太多猴子背在下属身上，把下属累死。

每一个职场人的身上都有自己的职责、工作任务、业绩指标，当我们的职责、工作任务、业绩指标都背在自己身上的时候，我们要好好养这只"猴子",我们要把这个任务完成。但是,在职场中存在一种非常奇怪的乱象,即管理水平、管理能力越差的企业越会出现这种问题,尤其是初创型的企业,往往会遇到更多类似的问题,也就是"猴子满天飞"。本来是员工身上的职责、工作任务、业绩指标,却飞到了老板身上。老板一旦让下属的猴子飞到自己的身上,就会让自己本来想好的事情推迟或本来做好的计划被打乱。

所以,如何避免猴子满飞天才是我们需要思考的问题,也是请示带来的积极意义。

老板雇用员工是让他们解决问题的,谁解决问题的能力强,谁获得的薪水就多;谁总是把猴子甩给别人,谁就应该被淘汰。在向上管理中有不同层次的员工,在沟通上也就有很大的不同。如何避免成为那个"把猴子甩给别人"的人呢?我们需要学习沟通的技巧。

请示有三个步骤,分别是只出选择题、多出多选题和注重结果分析。

1. 只出选择题

有一次,公司策划部的同事过来跟我说:"高老师,您知道吗?我们这个项目的设计超出了预算,您看怎么办呢?"因为我当天的行程非常满,也很忙,就下意识地说了一句:"好的,我想想。"当同事问我这件事的时候,实际上给我出了一道简答题,让我来做决定。这等于他把"猴子"扔到了我的背上。如果他出的是选择题,比如:"项目超预算了,现在有两个方案,A方案是什么,B方案是什么,老板,您看怎么办?"这样我就很容易做出选择,而不至于为了这件事耽误自己的时间，同事也不会把猴子甩过来。所以，好的请示要给领导出选择题。

2. 多出多选题

什么叫多选题呢？就是当你请示一件事情的时候，一定不要有"是不是""要不要""行不行"这种封闭性的答案。如果只是一个单选题，则代表着二选一，解决方案非常狭窄，这个通道和思路无法拓宽和延展。所以，只出选择题只是比"甩猴子"进步了一点，却不是一种完美的请示方法。我们要做的就是多出多选题。多选题代表三个或三个以上的方案，第一个方案是什么，第二个方案是什么，第三个方案是什么，领导可以多选。

3. 注重结果分析

当我们出了选择题，也出了多选题之后，要分析每一个选项的答案是怎么构成的、它的优缺点是什么。如果有必要，则还可以做一个SWOT分析。比如，前面我们列举的同事请示预算的问题，如果觉得非常重要，就做一个SWOT分析的表格；如果觉得它不重要，则可以直接答复："A选项超出预算，但是能够达到客户的要求，我们少赚一点，赢得一个客户，因为他是我们的老客户。B选项压缩预算到我们的目标范围内，但是呈现的效果会稍微差一点，我们可以用其他方式来弥补，可能客户也不会发觉这件事情。C选项是将预算折中一下，既能够保障预期的结果，又能让客户满意。"领导听到这样清晰的三个方案，很容易就能做出选择。

如果员工能够这样请示，那么任何一个领导都能快速给出指示。因为任何请示希望得到的结果就是"快速又及时的指示"。

二、汇报要及时

汇报是沟通工作中的进程和预定目标之间匹配的程度。比如，我们设定了一个目标，已经开展了工作，在这个过程当中，进程和目标的匹配度是否一致，就需要用到"汇报"，而汇报的关键在于说要点。要点包括用数字说话、加入进度条和专业的预测。

1. 用数字说话

用数字说话是汇报要点的一种，比如，项目推进了多长时间、规模如何、取得了什么样的结果等。数字代表你正在统计，而不是一问三不知。试想，如果领导问"项目做得怎么样了"，你回答"我不太清楚，我去问问""我还没来得及统计"肯定不行，领导会觉得你在糊弄他，认为你不用心、不负责。如果你能及时进行统计，回复道"今天是项目进行的第二周的第三天，截至上周日，第一周完成得如何，本周正在进行哪一项"，领导听到这里就会觉得项目进程清晰有序，也会对负责项目进程的你产生好感。所以，汇报记得用数字说话，要学会做统计和总结。用数字说话易于传播，领导能够掌握项目的具体进展情况，对项目负责人的水平和能力也尽在掌握，这样的状态在职场中非常有利。

2. 加入进度条

所谓进度条就是项目进程中的状况、困难和成果。比如，跟领导汇报进程要说"这个项目是哪天开始的，目前进行了几天，在这个过程中遇到了什么困难，取得了哪些阶段性的成果，预计还需要多长时间完成"，然后加一点自己的思考和想法。用"事实＋观点＋建议＋预测"的方式，讲一下现在的情况是什么样的，你的观点是什么，你有什么样的建议。无论这个建议是否合理，是从自己的角度还是从领导的角度出发都不要紧，只要你把进度和思考讲出来，就代表你在思考这件事情。

3. 专业的预测

如果你从事实出发，结合自己的观点，那么这个建议大概率不会出问题。你的建议被领导采纳后，还要有自己的专业预测，比如，这个项目最终会以什么样的状态呈现，会遇到哪些不可避免的问题，想解决问题要提前规避什么等。等这件事情得出结果后，发现和你预测的一样，你的能力就会凸显出来。所以，我们在汇报阶段一定要用数字说话，加入进度条和自己的思考，这样的汇报就是完整的。

三、报告九要诀

报告是沟通任务完成的目标与结果是否一致。任务完成了，目标有了结果，当然要做一个正式的报告，报告也代表给项目画上了句号。我们应该怎么做呢？首先，要避免两种不佳的状态：一是杳无音信、有去无回；二是喋喋不休、邀功请赏。其次，要掌握报告九要诀。

1. 避免不佳状态

领导最反感的是等不到下属的回应。动不动就玩失踪，这是职场大忌。有一次出差，我突然发现自己有一个很重要的U盘没带，因为时间紧，我赶不回去，于是便请公司的同事帮我看一下我的U盘在不在我的办公桌上。结果，等课程结束了，我都没有等到他的回复。这就是杳无音信、有去无回的不佳状态。所以，在报告的时候，完成得好要及时汇报结果，遇到困难也要说明困难在哪里、需要怎么解决，而不能动不动就找不到人。另外，不能喋喋不休、邀功请赏。你做完一件事后，不要逢人便讲，其实说一遍大家就知道了，说的次数太多反而会有邀功请赏的嫌疑。所以，在报告之前不但要注意自己的态度，最好要根据报告的思路写一个手稿，态度要真诚，不带任何偏私和虚假。

2. 报告八要诀

在做报告的时候，概括要"明"，就是报告分几部分、有哪几个框架，条理要清晰和明确。概括成绩要"实"，要务实，这个成绩是多少就是多少，不要有任何夸大的成分。总结经验要"真"，就是真实地把在完成项目的过程中学到的经验写下来，而不是说一些冠冕堂皇、不相关的话。分析问题要"透"，比如我们遇到了什么问题，为什么会遇到这个问题，下次怎么去做等。问题产生的原因可能是多方面的，要认真分析。改进举措要"准"，问题出现了，能否有效地解决问题很重要。计划安排要"细"，比如什么样的安排，这个计划是怎么样去做的，一定要详细。恳请支持要"理"，就是恳请支持要有理有据。报告收尾要"谦"，项目的顺利要感谢所有团队成员的配合和领导的信任。幸运永远是成功者的谦辞，所以在取得成绩之后一定要谦虚。

四、反馈讲氛围

在整个沟通工作当中可能会有失去控制的事项,我们一直在做一件事,但是这件事没有朝着预期的方向或者没有朝着预定的时间节点发展,这时你要及时反馈,只有及时反馈才能够更好地解决问题,推动这件事走向正轨或者按照正常的节奏去完成。反馈是整个工作进程当中可以随时去做的事情。在反馈的时候难免会指出别人的错误,有的人希望大家能够虚心接受别人的挑剔,有利于自己的成长。有的人则认为都是一个团队的成员,要有人情味。到底哪一种方式是对的呢?这就是我们在反馈中要学习的三个要点,分别是传达剩余内容、称赞多于批评、谈情先于讲理。

1. 传达剩余内容

反馈针对的是一个人提出来的主要内容发表自己的看法和意见,决定内容是否重要,得到了反馈意见是否对提出问题的人有所帮助,这取决于传达的剩余内容,也就是除内容以外反馈者的语气、状态、神情和肢体动作。如果你的语气是友好的,状态是接纳的,神情和肢体语言表达是善意的,那么你的反馈不但有价值,还能促进对方和你共同成长。不能带着挑剔的心理和批斗的状态去给别人反馈。反馈的本质是既点出问题又促进方案的改进和对方的成长,这才是好的反馈。

2. 称赞多于批评

人人都希望得到别人的认可和鼓励,称赞就是一种对人认可的直接表现。谁都不愿意接受批评,哪怕自己是错的,也愿意在别人的鼓励下去改进，而不想听到批评的声音。这里有一种方法叫作"汉堡包反馈法"：两片厚厚的面包夹着中间的肉，我们要把中间的肉比作批评，要给它裹上面粉炸一下。我们想要批评的时候要提前做足功课。比如，丈夫觉得妻子做的鱼太咸了，不要直接说"鱼做得太咸了"，而要说"老婆的厨艺越来越好了，一回到家就能吃到饭真是幸福，人人都羡慕我有一个贤惠的太太"。称赞完以后，轻描淡写地说一句："今天的鱼特别下饭，如果再淡一点，鱼的鲜味就更浓郁了。"这就把称赞当成了夹住肉片的面包，先说称赞后说批评，更容易让对方接受。

3. 谈情先于讲理

谈情就是谈情绪和感受，是指用不伤害关系的方式表达自己的需求、愿望和感受。人们在表达和沟通上常犯的错误是，要么有了情绪或需求不说，闷在心里，等到忍不住就会爆发，要么喜欢先讲理。说得简单一些，就是当我们学会正确表达自己内心的感受、感情的时候，别人就会理解你，就不会误解你，就会少很多矛盾，多一些体谅与理解。

比如，有一个女人声泪俱下地控诉着丈夫。她关心他，不让他抽烟，可他却不听。她很生气，认为他已经不爱她了。实际上，爱妻子和抽烟对于男人而言完全是两码事。如果女人非要过度解读，则只能承担自己制造出来的负面情绪的恶果。而且大部分女人希望男人戒烟，却不说自己的感受。如果说："看你抽烟，我很担心你的身体健康，也担心我的身体健康，所以有些难过。"这样男人听了以后一定会思考抽烟这件事对自己和家人造成的影响，即使仍然戒不掉烟，也会在吸烟的时候避开，不让家人吸二手烟。所以，我们先要看到对方的情绪，先要翻译出来对方的情绪，比如你看起来很难过、你看起来很生气，再去表达一下关爱和关心，比如你怎么了、遇到了什么困难，紧接着再提出建议。不要一上来就讲一大堆看似有用的道理，实则没有办法安慰别人，这样的反馈是无效的。

五、检讨重态度

检讨就是因为自己的工作不力，带来了一些负面影响或误差，自己要承担责任。做事情难免会有得失成败，所以，当你很好地完成任务的时候，不用沾沾自喜或炫耀；当工作出现失误的时候，也不要过度自责，而要正确地检讨。怎样检讨呢？一定要记住：不曾经历，不成经验。也就是说，所有的经历都会让你最终变成一个更好的人。但可惜的事情是虽曾经历，但未成经验，究其原因是没有总结。所以，我们需要学习如何进行有效检讨，其核心是在检讨过后获得经验。

1. 端正态度讲问题

认真地罗列和梳理问题到底出在哪里，这件事情非常重要。只有找到问题的根源，才能给予解决问题的方法，如同中医治病，先找到病因，才能对症下药。如果刻意回避问题，问题就永远存在，不但得不到有效的解决，还会让自己因为不敢直面问题而产生能力上的退步。

2. 解决问题做方案

根据这些问题总结下一步的行动方案是什么，每个问题有什么样的方法可以解决、采取什么样的行动可以解决。做方案的过程也是在锻炼自己的思路，一个会解决问题的人往往是高手。

3. 恳请领导给指正

领导如果给出一些建议、指正，就要虚心接受。领导的建议也是他多年在岗位上摸爬滚打积累下来的经验，接受建议正是一个人内心强大的表现。越不能接受别人的意见，代表自己的内心越脆弱。

通过以上三个步骤，你的经历一定能够成为经验，然后指导你变得越来越好。我相信，只要有诚恳的认错态度，大家都会选择原谅的。

重点回顾

向上管理中的沟通包括五个方面。

（1）请示：只出选择题、多出多选题、注重结果分析。

（2）汇报：用数字说话、加入进度条、专业的预测。

（3）报告：避免不佳状态、报告九要诀。

（4）反馈：传达剩余内容、称赞多于批评、谈情先于讲理。

（5）检讨：端正态度讲问题、解决问题做方案、恳请领导给指正。

第四章

让你树威望
——学会沟通能化危机为转机

第一节　有效批评

> 批评也许是不愉快的，却是必要的。它就像人身体的疼痛一样，会告诉你哪里有病了。
>
> ——丘吉尔

当我们学会说话以后，批评别人成了最容易的事情，而被批评的人却感觉非常痛苦。大部分批评如果掌握不好分寸和方法，要么让被批评的人心生不满，起不到任何改正的效果；要么让被批评者失去自信，做事开始缩手缩脚。所以，批评追求的是有效和能够使问题得到解决，批评的人需要有建设性的提议，被批评者能够接受批评然后去执行，这才是我们进行批评的意义。

一般对别人提出批评有两种方式：一种是仅仅凭借直觉坚信自己是对的，我们会以为看到的是正确的；另一种是通过反省，确认自己有可能是对的，才提出批评。第一种方式总是给人高高在上的感觉，容易招致不满和怨恨，不会给对方的成长带来帮助，甚至还会产生意想不到的消极后果。第二种方式给人谦逊而谨慎的印象，需要批评者先进行自我反省，由此让对方知难而退，但与第一种方式相比，这种方式更有可能带来成功，而且通常不会产生破坏性的后果。

无论哪一种批评，首先要认识到，批评不是张嘴对人产生责备，而是一门艺术，好的批评会事半功倍，而低效、暴躁的批评甚至会适得其反。比如，我们在批评别人之前要多想想，批评和责备是不是相同？在批评别人时，有没有注意事项？如果自己被批评了，会有怎样的心理感受以及如何回应？

很多人认为批评就是发脾气，向别人施加压力，让别人"认错"。其实这是对批评的错误理解，这样的批评不但会影响个人威信，而且根本起不到任何效果。批评并不是告诉对方他怎么错了，而是告诉他怎么才能对。批评不是要让对方"服"你的"厉害"，而是要让他因为你的批评而改变。我们可以通过谈心的形式，把"对的事"和"让他好的事"开诚布公地告诉他。

举个例子：

小悦和男朋友约好晚上6点在电影院门口见面，一起去看6：30开演的电影。小悦当时觉得提前半个小时可以有充分的时间买爆米花和奶茶。结果，她在电影院门口一直等到6：25，男朋友还没出现，打电话也没人接。小悦十分焦急，火气也慢慢上来了。6：28，男朋友气喘吁吁地飞奔而来，说是路上堵车也没来得及看手机。小悦气不打一处来，站在电影院检票大厅里冲着男朋友叫嚷起来："你就是一个自私的人，从不考虑我的感受，和你这种不守时的人在一起，真让人崩溃。"在众目睽睽之下，男朋友本来还一脸堆笑地赔不是，听了小悦的责备后也生气了，回怼道："你说要看6：30的电影，我是不是和你提前说过这个时间有点紧，当时正值晚高峰，我下班打车过来肯定会堵车。可你说这个点儿看完电影回家不会太晚，最合适。你不体谅我，还说我自私？是你太固执了，好不好？"于是，好好的一场电影没看成，两人还差一点分手了。

案例中的批评在生活中经常上演，不论是情侣之间、夫妻之间、父母与孩子之间、上级与下属之间，如果掌握不好批评的方式，则很容易变成责备甚至谩骂。当我们批评一个人的时候，要想真正做到"有效批评"，就是要促使对方做出积极的改变，而不是为了发泄自己的愤怒。如果是为了发泄，则很容易变成人身攻击，而不会就事论事。这样做只会让矛盾升级，不但不会让批评走心，反而会两败俱伤。所以，当我们真正希望别人好，希望自己的批评起作用时，就要进行有效批评。

一、不在公共场合批评

人们常言"关起门来教子，公众场合夸人"，这就要求我们不能在公共场合批评别人，能单独解决的问题不要闹得人尽皆知。

在公共场合批评人，不论你的出发点如何，被批评的人都会感到难堪和委屈，甚至愤怒，同时会伤害他人的自尊。人一旦有了负面情绪，就不会有多余的心力与脑力来应对你提出的问题，更不会想着自己如何才能变好,而是想尽快逃离这个令他难堪的环境,甚至为了自尊和面子和你对着干。对于一些内心敏感的人来说,一旦产生愤怒和委屈,很长时间都难以修复,接下来的沟通可能更加困难。尤其对于犯了错的人,无论是下属还是夫妻中的另一半或孩子而言,他们本身就有一些焦虑或担心,如果不去维护他们的自尊和面子,那么批评往往不会收到好的效果。

除了不在公共场合批评别人,还要注意不能带着情绪批评别人。在情绪不稳的情况下,批评往往会带有主观意识,让人听上去更像是在找碴。

不在公开场合批评、不带着情绪批评的背后是我们要给双方的沟通营造一个平静的氛围,给被批评者一种安全感,这样对方才能放松心情,和你就事论事。

二、对事实了解清楚

有很多人不了解事情的经过或者只听了一个大概,就觉得对方有错,想要让对方改变。这样的批评往往会犯了先入为主的错误。法官断案还得听了原告和被告共同的陈述,然后通过层层抽丝剥茧才能断出谁是谁非。如果你想就某件事批评某个人,则一定要把事实了解清楚。否则,在没有全面掌握事实的情况下,就会出现误会和偏差。在批评之前要和对方确认一下事实是不是如你想的那样,只要有出入,事件的整体面貌就会发生改变。如果你没有了解事情的全貌,不妨在沟通的过程中一边问一边理出事件的全程,然后再进行有效批评。比如,"今天我想和你谈谈，我对你的某某做法不满意。"这种开门见山的方式，反而不会让对方误会。接着，你可以问对方："究竟发生了什么事，你能跟我谈谈吗？"说这句话时要平和、有耐心，因为此时你扮演的是倾听者的角色。然后，你可以问："你是如何看待这件事的？"这是一种邀请对方进行自我剖析的沟通技巧，也是对方向你敞开心扉的关键。你在他的剖析中能够听到他的态度和对错。对方在自我分析后，如果你觉得他的某些看法不对，就可以抛出这个问题："发生了这件事，你有没有试着去解决呢？都想了哪些办法？"这句话的主要目的是探测对方有没有主动解决这个问题的愿望。

问到这里，你就已经知道了事件发生的前因后果，以及当事人面对问题的态度和解决意愿。批评也要建立在知己知彼的基础上，才能收获好的效果。不然你都不明白对方在想什么，一上来就批评一通，结果往往会适得其反。

三、善用鼓励式批评

首先要指出的是，批评的言语并不一定都是严厉的或者负面的，可以采取正面鼓励的方式来进行批评。比如，在批评前可以先说说好的一面，再批评不对的地方。比如，领导发现业务员对客户的态度不好，可以先说："小李，你的业务能力很强，谈客户可是业务部共同学习的标杆。今天听说你对跟客户的态度不好，这肯定不是你的本意，是不是今天有什么不开心的事情影响了心情？"这样说就是鼓励式的批评。这是一种正面的批评，会让对方知道他的优点一直被领导看在眼里，下属也会在领导这种"言外之意"中反思自己的不足。

所以，有效批评要建立在不伤别人自信和自尊的基础上。

四、批评的核心目的是解决问题

有效批评的核心目的是解决问题。通常情况下，批评别人是因为别人犯了错。一个人犯错很正常，犯了错，如何改正才是最重要的。而要改正错误，就需要有解决问题的方法和能力。不少人在行使批评权利的时候，通常是情绪发泄一通过后就不管了，结果被批评的人依然会犯错，问题依然没有得到解决。

所以，有效批评就是要给犯错的人指出一条改正的路，并且让对方能够接受，这样对方才能够做出改变。

批评的前提是搞清楚你因为什么事情批评他，你站在什么立场上批评他，你希望批评之后得到什么样的效果。批评他人，一定要基于事实，要有具体的原因。千万不要批评和错误无关的事情，比如别人的性格、人格等，不要要求别人改变自己的性格等，但是可以建议或者要求他下次遇到同类事情时尝试做出一些改变。如果是因为个人性格等造成的错误，则可以先告诉他，这个事情确实让人生气，但是我们在面对这些事情时，不能由着性子来，可以先冷静一下，让其他同事来处理，以后需要注意。

总之，批评人的出发点是帮助他指出错误、改正错误，不要让人觉得你站在制高点，为了批评而批评。

五、如何正确接受批评

正确批评别人需要学习，如何接受批评也需要学习，否则被别人批评就觉得受了天大的委屈，也不利于自己的成长。

工作中难免会有各种失误或错误，例如，会议通知时间错了、任务完不成不上报、程序检查有漏洞……此时难免会受到批评。面对批评，有些人觉得很委屈，急于辩解，甚至与领导争论；有些人过于敏感，一受到批评就自我怀疑，陷入郁闷、恐惧等负面情绪的漩涡；有些人得过且过，受了批评也是左耳朵进右耳朵出，该怎么做还是怎么做，错误频出，直至被辞退。批评是工作中的常态，被批评之后有情绪也是人之常情，但面对批评的态度往往映射了职场人的素养。如果面对批评的态度过于偏激或满不在乎，就可能会为我们招来一些不好的结果。所以，面对批评，我们可以做以下几件事。

（1）不要在公开场合暴露自己的情绪，尤其不能在同事面前抱怨领导无情，如果传到领导的耳朵里，会觉得你扛不住事儿，以后还怎么敢对你委以重任呢？

（2）不要在批评的过程中急于解释。先要让对方说个痛快，否则这场批评就会变得没完没了，还显得你不虚心接受，还不如安静地听对方说完。

（3）不要试图去安抚对方，比如"您别生气了"，这样的安抚既苍白无力，还会让领导觉得你懦弱无能。不如说，"您看，我想出了这个问题的解决方法是什么"，这样反而会让批评的人冷静下来，把注意力转移到解决问题上,而不是一味地针对你。尽量让批评变成一种双方沟通的状态,这样才能收到良好的沟通效果,问题也就迎刃而解了。

> **重点回顾**

有效批评包括五个方面。

(1)不在公共场合批评:选择沟通环境、注意不带情绪。

(2)对事实了解清楚:通过问话了解事情经过。

(3)善用鼓励式批评:不伤人自尊,对事不对人。

(4)批评的核心是解决问题:批评不是发泄,而是指明解决方法。

(5)如何正确接受批评:不暴露情绪、不急于解释、不试图安抚。

第二节　科学建议

在所有客户当中,对你最有意见的人,才是你最需要学习的对象。

——比尔·盖茨

在生活和工作中,每个人都会有向别人提出建议、表达自己想法的时候。然而,人本能上是排斥异己的,也就是说对于不同于自己的观点或者否定自己的想法的人,我们会产生本能的抗拒。如何恰如其分地向别人提出建议，让对方听得舒服，自己的想法又可以传达出来？提建议在什么场合合适，什么场合不合适呢？是什么建议都可以说，还是有哪些意见不能说呢？在职场中，建议提得好，就会顺风顺水；提不好，有可能断送前程。

每个人都活在与其他人建立起的关系中，人生是长跑，任何一种关系都不是短暂的。你的同事、领导、客户以及身边其他的人，没有哪个人会老死不相往来，多一个朋友多一条路。所以，正确提建议才不会得罪人，才不会给自己前进的路上设置障碍。提建议是为了彼此都得到好的结果，而不会破坏关系，这才是我们要搞定的。那么，我们应该如何科学建议呢？

一、如何正确地提建议

1. 维护尊严

在提建议和意见的时候，首先要考虑到是否会伤害别人的尊严，尤其是下属给领导提建议，要把领导的面子放在首位。在提建议的时候一定要注意选择场合，如果在私下的场合来聊这件事情，领导可能会觉得在这样一种轻松愉悦的状态下，听你说一说关于某件事情的意见或想法，他很开心，觉得你很上进，为公司着想，可能这个意见就被采纳了；但如果你当众提意见，他就会觉得你在挑战他的权威，不顾他的颜面，反而会激发他的反感心理。所以，一定要记得，在提建议时一定要维护他人的尊严。

2. 想好替代方案

如果你想提出自己的建议和意见，则一定要胸有成竹，也就是当你想改进别人方案的不足时，首先自己要有可行的方案。如果你觉得别人的方案不好，而你自己又拿不出好的替代方案，不但会让人反感，还会让人觉得你除了会挑毛病没有任何长项。在职场中，老板喜欢能够解决问题的人，而不是总爱提出问题却解决不了的人。所以，想要说出自己的建议和意见，一定要准备好完善的替代方案。

3. 暗度陈仓

所谓暗度陈仓，就是要为你所提的建议提前铺路。有太多的建议时不能直接说，可能需要多次进行，最后达到潜移默化、润物细无声的效果。做任何事情都需要耐心，比如想做一顿美食，也需要很多步骤，需要提前腌制、泡发、醒发等多个流程，如果你不愿意等，就不会有好结果。做任何事情都要稳住心态，有时候慢就是快，着急有可能会出现问题。与其着急出现问题停下来，不如慢慢往前走，结果可能会更好。

4. 推功让利

我们首先要明确自己提建议和意见的目的是什么。提建议不是为了彰显自己有多厉害，也不是为了自己一炮而红，如果你是抱着这样的目的，那么此种建议不提也罢。因为这样的心态自带风险，为了彰显和突出自己往往会带着贬低别人的潜意识，这样你提出来的建议和意见就会自带对立情绪，失败的概率也会增大。所以，真正高明的建议是在抬高别人的同时不贬低自己，不是让自己出风头，而是为了让方案更好地落地,为了公司更好地发展,为了大家的共同利益等。如果你有好的建议私下找领导商量,并把功和利让给领导,那么领导反而会觉得你是一个顾全大局、有智慧的人,从而会高看你一眼,有机会就会重用你。

5.画龙不点睛

画龙最重要的是点睛,提建议也要留出一些空间。不要把建议提得太满、太完善,不给领导任何发挥的空间,最后说一句"我觉得这个方案还有更好的调整和优化的空间,所以请领导来定夺"。领导做定夺,无外乎就是选ABC,或者在你的建议上拍板。这就等于领导亲自为这条龙点上了眼睛,这也是变相地把功劳和荣誉让给领导,后面的事情就容易推进和执行了。

二、不同的人建议不同

前面我们探讨的是向上提意见,在一家公司里,有领导就会有其他部门,我们也需要学习如何向下提意见。

1.给部门内的新人提建议

新人刚入职,对公司的很多事情还不是很熟悉。作为公司的老员工,对新人进行适当的引导是必要的。对于新人,应该给他们提供一些方向性的建议,而不是精细到具体如何实施层面的建议。例如,为了提升员工的自我学习能力,可以建议他们在工作不紧急的情况下学习自己感兴趣的知识,但是不应该在如何进行个人学习上提过于具体的建议,比如在遇到问题后是马上去查找资料解决,还是把问题集中在晚上空闲的时间统一解决。每个人做事的方式都有所差异，适合自己的并不一定适合其他人。

2.给其他部门的同事提建议

跨部门协作，会涉及工作上下游关系导致的一系列问题。在给其他部门的同事提建议时，首先要明确自己的问题，以及需要其他部门同事解决的问题，再把梳理好的问题提给对应的同事。同时，在沟通过程中，要尽可能明确一个时间点，把提给他们的建议提上日程，便于及时检查项目的进度，让自己处于相对主动的状态。

3.平级提建议

平级之间是平等互利的关系，切忌好为人师，因为大家都一样。所以，千万不要说"来，我教你""来来来，我给你提个意见"。要区分一下平级之间的关系。如果你和他是一般的同事关系，走得没那么近，则要用旁敲侧击的方式。比如，你希望你的同事改掉一些不好的习惯，你不能直接点出人家的不好，而要旁敲侧击地说说其他同事在这方面的优点，这样不但不伤和气，还能维护对方的面子。如果是特别好的关系，则可以直接提建议，比如你看到他比较颓废，情绪比较低落，你一定要找到他说："我已经连续三天看你在这儿一直打哈欠了，怎么什么事都打不起精神来呢？跟我聊聊，我替你分析一下，咱们是好朋友，互相关心一下。"然后根据对方的实际情况给予真实的建议，他肯定会积极接受并对你产生认可。

三、科学建议通用步骤

1. 表扬和认可

任何人的工作都不可能一无是处，都有自己的优点。况且人性的弱点是每个人都喜欢被认可。所以提建议的第一步是表现出对对方的认可，先把对方拉到同一条船上。如果你一上来就反对对方，那么他不但会无视你的建议，还会讨厌你这个人。比如，小王准备了一个演讲材料，你跟他说"这个演讲材料准备得非常好，因为你的出发点是所有的观众都关心的内容，而且结构和编排也都非常好"，这就是你认可他的优势和亮点。然后，你再提出自己的建议，"如果材料再精简一些就更好了"。所以，在提出建议之前，请至少先找出对方的一个亮点，让别人先对你产生好感，这样他才容易接纳你的建议。

2. 建议和改善

建议就像带刺的玫瑰，花虽美但刺扎人，我们需要想办法把刺包裹住。首先，要用委婉的语气提出建议。不要直接说"你应该……""你必须……""这样做不对"，而要说"如果我是你的话，我会……""你可以做得更好的是……""如果能……就更好了"等。鼓励对方可以更好，而非否定其原有的做法。不说"建议"，说"完善"，因为说"我建议你"，有命令的味道。比如，"关于数字的呈现和准确性，你可以再完善一下"。如此既委婉地表达了你的建议，同时也让他知道了哪些地方需要再精进。

3. 鼓励和方法

我们吃完饭总喜欢再吃点甜点，所以，在给对方提出建议后，一定要再做出鼓励，安慰一下对方稍微失落的心情，同时让他更愿意接受你提出的建议，从而有信心做得更好。举个例子，有一位选手上台即兴演讲，但他听完题目后，竟然一句话都没能说出来，点评老师就可以这样说："最勇敢的人不是无所不能，而是明明知道自己不能，却还敢于去做。你属于后者，眼前的一小步是你人生的一大步，相信你持续保持这种一往无前、不断突破自己的干劲，在不久的将来，你一定能成为舞台的强者。你相信自己可以做到吗？"后来，这位选手真的成了一名非常优秀的演讲者，并获奖无数。不能直接说我教你怎样怎样，而是用鼓励代替直接给方法，对方会接受得更快，感悟得更深。

我们通过第一步表扬，让他能够接受并听得进去；第二步提出一个改善的方向，让他就知道自己应该怎么去做；第三步，说突然想起来的想法，让他觉得你没有在教他做事，而是在给他提供强有力的支撑。这三件事情让人很舒服，如沐春风，所以我们要达到这样的状态。

我们的每一个意见和建议都不可以直白而生硬地提出来，在不同的关系当中，提建议的方式方法都有所不同，我相信大家对此已经深有体会了。

重点回顾

科学地提建议包括三个方面。

（1）如何正确提建议：维护尊严、想好替代方案、暗度陈仓、推功让利、画龙不点睛。

（2）不同的人建议不同：给部门内的新人提建议、给其他部门的同事提建议、平级提建议。

（3）科学建议通用步骤：表扬和认可、建议和改善、鼓励和方法。

第三节　道歉检讨

内心强大才会道歉，但必须更强大才能原谅。

——宫崎骏

在我们的生活中，离不开道歉和检讨，因为我们难免会犯错，犯了错误就需要得到别人的谅解，需要道歉。你可能会说，这很容易，这一切都是用"对不起"完成的。道歉能学到什么知识呢？虽然"对不起"是最常用的道歉方式，当你的购物车不小心撞到别人或者忘记了某人的名字时，它是非常合适的。但我想说的是，当我们遇到更复杂的情况时，如何有效地道歉才能摆脱尴尬，让别人真正感受到你的诚意，这才是我们真正要学习的。我们在他人对自己做出无礼的、不恰当的、有危害的言行时，都迫切地渴望他人可以给自己道歉。道歉虽然可能没办法完全挽回错误，但可以对错误的行为起到扶正强调的作用。正确的道歉和自

第四章 让你树威望——学会沟通能化危机为转机

我检讨,不仅可以得到对方的理解和原谅,甚至还能加深双方的感情。

就像心理学家哈里特·勒纳博士所言:人类出于自我防御而习惯于固执己见,很难承担起自己所造成伤害的责任,并不是每个人都懂得如何正确道歉的。

从社会到家庭,我们都不能忽视道歉的力量。根据不同的情况,道歉的方式也大相径庭。是简单地说一声"对不起",还是事后找借口给不道歉找理由?是笑着道歉,还是哭着道歉?是简单的语言道歉,还是带着专业的道具来道歉?只有在你犯错的时候才道歉,还是对你的行为说"对不起"?不同的情况自然会导致不同的选择。如何让"对不起"发挥出最惊人的力量,是道歉最有趣的部分。

我们来看一个案例:

公司里同为职员的小左和小田因为一件小事起了矛盾,原因就是不会道歉。中午,小左经过小田身边的时候不小心碰翻了她的泡面桶,汤汤水水洒了小田一身。小田满脸不悦,小左一边用纸巾收拾着打翻的泡面,一边对着小田不停地道歉:"真的不好意思,我太不小心了。你怎么在这里吃泡面,多容易洒啊。"小田听到小左这么一说,便更生气了,立刻反驳道:"公司哪条规定不让人在这里吃泡面了?你走路也太不小心了。"小左接着说:"好了好了,都是我的错,现在弄得我还得在这儿收拾残局,也算扯平了吧!"小田一边擦拭着自己被弄脏的衣服,一边气愤地说:"你自找的,我在这里吃泡面招谁惹谁了?"小左却不以为意地继续说:"哎呀,我都道歉了，您大人不计小人过吧，又不是什么大事儿，女人就是心眼儿小！"小田听到这里，恨不得把剩下的半桶面扣到小左的头上。

案例中的小左是在道歉，但更像是借着道歉指责对方，所以这样的道歉既没有情商，也不会收到好的效果，反而容易激化矛盾。所以，道歉和检讨是需要学习的。在过去，道歉常常被认为是软弱的表现；但在今天，人们认为它是力量的表现。事实上，道歉并不容易，双方都必须有诚实、慷慨、谦虚和负责任的态度，也要有勇气。学会如何正确道歉，选择正确的道歉姿势，建立良好的人际关系，阐明你内心的需求，并在你周围营造和谐生活氛围的智慧。

莎士比亚说过，最好的好人都是犯过错的人，从错误中走过来的人。所以，不要害怕错误，在错误中汲取经验，才能保证下一次不犯错。孔子也说过"闻过则喜"。当我们知道自己有不足和缺陷的时候，正是我们需要成长的地方。我们经常说，如果你看到黑暗，那就是光可以照进来的地方；如果你看到我的眼角有皱纹，那就是我曾经笑过的地方。所以，犯错并不可怕，可怕的是你犯了错误之后不知道怎么去道歉和检讨。现在，我们一起来学习一下如何正确地道歉和检讨。

一、显性错误的沟通步骤

显性错误有非常多的特征，突发性并引起情绪变化是它的主要特征。比如，你犯了一个错误，领导批评了你两句，你也承认了这个错

第四章 让你树威望——学会沟通能化危机为转机

误,这件事就结束了,这就是一种显性错误。同样的错误,如果你没有承认,并且这个错误还会引起连锁反应,这就是隐性错误。隐性错误具有超长的滞后性,当下这件事情可能没有引发什么矛盾和冲突,但它后续可能带来意想不到的严重后果,并且持续的时间很长。虽然在这个过程当中你没有感受到激烈的情绪变化,但它一定是有问题的。显性错误因为有突发性和引起情绪激烈变化的特点,所以要第一时间进行道歉和检讨。有四个字你一定要记住,那就是:拒绝解释。一旦你犯了错,开始解释之后,就会发现这件事情变了味道。举一个简单的例子:领导跟你说,昨天晚上提交的方案有几个错误。如果你不去解释,应该怎么说呢?你可以直接跟领导说:"抱歉领导,是我的疏忽!"多余的解释一句也不要说,这事反而没有多么严重。如果你非要解释,就会把一套开脱自己的说辞发给领导。领导收到你的解释,并不会觉得你解释了就没有错误,反而认为你在逼迫他原谅你的错误。所以,如果是犯了错误,直接承认就好,这是最简单、最省力的一种沟通方法。

我与公司里做后期的剪辑师就发生过一次类似的情况。当时剪辑出来的效果不是我审核过的那个脚本,画面接不上,逻辑也不太对。于是,我对剪辑师说:"这不是我要的东西。"我的意思很明确,我认为剪辑师剪错了。然而,他并没有直接承认,而是开始向我解释了一大堆。虽然他的态度极其诚恳,但我的内心依然不悦,觉得我并没有误会和冤枉他,只是希望他把错误改正过来。当他无数次跟我澄清这件事情的时候,我深刻地感受到我被压迫了，他让我原谅他，甚至想让我安慰他，就是"你错怪我了"的意思。那一刻，我的感受很不好，我觉得只要对方承认这个结果是错了就可以了，而不需要向我澄清和解释一大堆。

所以，犯了错不要解释，因为解释会带来三大弊端：一是激化矛盾；二是向别人传达一种"不负责任"的信号；三是让人对你形成一个负面的印象，从此就会产生诸多的不信任。那么，正确的做法是什么呢？

1.承认错误，承担责任

常言道，"犯错是平凡的，原谅才是超凡的。"但原谅的前提是你得承认自己的错误，一个遇到错误就想逃避，就找各种借口推诿的人，不但得不到原谅，还会引发新的矛盾和更大的错误。对方发现你承认错误的时候，原本的怒气也会快速下降。沟通中最怕的是明明有错还抵赖、狡辩，这不是一种聪明的做法，还会给自己带来不好的后果。前面我们举的小田和小左因碰翻泡面引发不愉快的案例，如果小左只是诚恳地道歉，后面不要有任何指责的意思，就会得到谅解。我们可以适当地学习和使用一些话术，比如，"领导，对不起，我错了！"一定要主动承认错误，因为态度最关键。

2.亮明态度，表示弥补

我们既然已经知道对方因为我们的错误遭受了损失或产生了不悦的情绪，就需要在道歉时亮明态度，即接下来我准备怎么办、我的新方案是什么。比如，听到领导说自己的方案错了，那么亮明态度去弥补："我对这件事情将会继续负责，这个方案我将会持续优化它。我会把一个全新的方案以最快的速度提交给您，并且保证不耽误项目的进度"。如果实在不知道自己有什么样的补救方案，不妨谦虚地请教，让领导说怎样才能补救，然后积极执行。在这一步，可以用到的话术有："这个任务没有完成，辜负了您的信任。"什么叫态度？什么叫立场？"辜负了您的信任"其实是在翻译感受，就是你正在和对面的那个人进行心理上的共鸣，你拥有一颗同理心。你知道领导十分信任你，但你让领导失望了，所以在这个时候说出这句话，他会很暖心，也会瞬间化解他的情绪。

3. 简述原因，正向反馈

你可以简单讲一下为什么会出现这个状况。比如，领导说你没有完成任务，你说因为客户昨天晚上临时附加了这个任务，时间有限，我们在节点之前先完成了，没有过多检查，这件事情我们以后会引起重视。这不但简述了原因，还给自己做了一个正向的反馈，说明自己要引起重视。我们还可以说"我希望您再给我一次机会"，表示出强烈的对修正错误的渴望。

4. 给出方案，反思和总结

如果你把前三步都走了，最后就是解决问题的决心。你要说："领导，今天下午我们会把您提出来的三点错误全部改正，做好优化，然后在下午三点把这个方案提交给您。我也会复盘并总结以后再遇到这种时间紧迫、任务繁重的方案，我该怎么做以及避免类似错误的再次发生。"这就是一个非常完整的方式，领导看到你是一个有担当、积极正向的人，勇于承担责任，并在犯了错误后开始成长。领导还能看到你复盘的能力，从错误中吸取经验的能力，从而会更加看重你。

二、隐性错误的沟通修复

隐性错误是指那些显性错误没有被解决，比如你解释、澄清就是不愿承担也不愿改正，领导对你的态度没有深究下去。从表面上看，这件事情结束了，但是它日积月累变成了隐性错误。

隐性错误也有表现特征，如果发现这些特征，一定要找到错误的原因。第一，领导对你的态度突然变得非常冷漠；第二，领导突然给你安排你不擅长且特别繁重的工作；第三，领导对你近期的工作挑三拣四。此时，你一定要好好检视一下自己是否犯了错误而不自知。

所有的这种关系的破裂都是因为不沟通。那么，我们应该怎么沟通呢？

1. 保持真诚的心态

向领导求证自己犯错的事由时，首先要有一个真诚的心态，要意识到一定是自己犯错在先，才有领导的刁难。可以真诚地跟领导讲："我最近这段时间一直很努力，我不知道在工作中有没有做得不对的地方，希望领导能给我一些批评和指正，因为只有发现问题、改正错误，才能更快地成长。"领导一听你是渴望成长的，肯定会给你一些反馈，那么你要虚心接受领导的反馈，并努力提升自己，让领导看到你的确在进步。

2. 打造情感账户

当有了这次真正的沟通之后，你知道了自己的问题所在。在修正了问题之后,你要及时跟领导修复关系。这个过程就是从寒暄入手,到积极主动地反馈、汇报、沟通,再到其他社交活动的参与。

3.把控好口碑

领导不喜欢一个人,除了因为和他有冲突,还有一个可能就是这个人在公司里的口碑不太好。领导不会对一个口碑不好的人有好感,因为在大多数人眼里你是这样的人,如果你在领导面前表现出另一副样子,领导就会觉得你不实诚。

三、领导犯错如何处理

前面我们探讨的都是职场中下属犯错如何认错和检讨,那如果领导犯了错误,我们该不该说呢?人非圣贤,孰能无过?所以,大部分人认为给领导指正错误也未尝不可。如果领导足够英明的话,他还应该感谢下属。这里我要说的是,领导犯错是正常的,但切不可直接给领导指出错误。哪种情况下可以说,哪种情况下没有必要说呢?我们今天就来分析一下。

1.领导犯错误影响的是个人的情况,这个时候能不说就不说

如果领导犯的是诸如PPT上有一个错别字等这样的小错误,不影响工作进程,就不要讲。讲出来之后,会破坏你和领导之间的关系。因为讲出来之后,你和领导犯的错误进行了关联,是你提出来的这个错误,所以领导每次一想到自己难堪出丑的事情,就会想到你,你和难堪出丑就画上了等号,他每次看到你都会觉得尴尬。所以,不要给领导带来这

样的尴尬和误会。影响领导个人的，能不说咱就不说。

2. 影响工作进程的情况，该怎么说

如果这件事情影响到工作的进程了，那我们就得说，怎么说呢？首先，你要问问自己"领导真的错了吗？领导的工作经验应该比我丰富，这个问题怎么可能一眼就让我看出来了呢？是不是我错了呢？"一定要有这样审视的态度，然后再去求证。如果求证过后发现真的是领导错了，再进行同步动作。

比如，我让公司的一个助理帮我上传一些文件，确实比较多，而且比较复杂。但是，我觉得上传网站这件事情是批量化、自动化的，把文件拉进去，它就会自动上传好了。所以，当我和助理布置这个任务的时候，他说："高老师，这件事可能会需要一些时间。"我说："你先弄弄看吧，应该是很简单的。"然后，他也就没说什么，结果第二天他跟我说："高老师，您能来看一下吗？我们在上传的文件当中有一点点问题，我拿不准，不知道该怎么做。"我登录了网站的后台，找到了那个文件研究了一下，我花了20分钟的时间，只做了一个文件的上传和修改，我突然发现这个事情真的不是那么简单。于是，我直接就跟他说："我们找几个外包的劳务一起完成这件事情。"那一刻我犯了经验不足的错误，以为上传文件很简单，但实际并非如此。同事把我同步进这个工作，让我通过实际操作来发现自己的错误。他并没有当场指出我的错误，却让我发现了问题并及时进行了调整。

3. 结合同行案例来对比错误

比如，领导神采飞扬地讲述了一个全新的营销方案，但员工们听出了问题。如果这个方案大家执行下来没结果，领导一定会责怪员工执行不力，而不会承认自己的方案有问题。聪明的员工如果想要指出领导的错误，就会结合同行的案例来指出。我们可以这样说："领导，您知道吗？我们的竞争对手某某某，最近也做了一个跟咱们这个类似的宣传营销的方案。"领导一听肯定要问："他们的效果怎么样？"员工接着说："情况不容乐观。"领导听到这里肯定想要调整自己的方案。员工虽然没有直接说领导的方案不好，却让领导通过对比同行的方案，看到了自己的不足。

最后，记住一点，永远不要自信地认为你和领导关系好，你和自己的伴侣关系好，你和父母、孩子的关系好，就可以不假思索地指出他们的错误。你会发现，即便关系再好，当你说出别人的缺点、错误、问题的时候，也会遭到对方的抵触。如果不是特别大的错误，能不说就不说，人人都喜欢听夸赞，都不喜欢被指出错误。

所以，无论是职场中的沟通，还是家庭关系中的错误，一定记得不要问他为什么，而要更多地问他怎么做、怎么办。道歉和检讨的核心意义不是为了证明"做错了"，而是希望对方和自己获得"如何才能做对"的能力。

相信大家通过学习这堂课，一定都能够把犯错误这件事情解决在萌芽阶段，能够更好地处理自己和领导、同事等人的关系，能够让自己的生活变得更加美好。

> **重点回顾**
>
> 道歉检讨包括三个方面。
>
> （1）显性错误的沟通步骤：承认错误，承担责任；亮明态度，表示弥补；简述原因，正向反馈；给出方案，反思和总结。
>
> （2）隐性错误的沟通修复：保持真诚的心态、打造情感账户、把控口碑。
>
> （3）领导犯错如何处理：领导犯错影响个人的情况、影响工作进程的情况、结合同行案例进行对比。

第四节　自如地拒绝

什么都不拒绝的人很快会变得没有什么可以拒绝了。

——马休尔

沟通中最难的事就是拒绝别人，拒绝意味着不合作，意味着扫别人的兴，意味着没有按照对方期望的进行，所以大部分拒绝会带来一些不好的体验。而不会拒绝带来的负面影响也非常多，在本该拒绝的时候违心地答应了下来，结果变成了费力不讨好。学会拒绝，不但能够让自己轻松，也会让对方不反感。

著名诗人汪国真写过一篇题为《拒绝》的散文，里面有这么一句话："一味地拒绝会失去朋友，一味地顺从会失去自我。就人生而言，一方面应该懂得有容乃大，另一方面也应该明晓，不能总是来者不拒。"

很多人因为不懂得拒绝，苦不堪言。其实，无论怎么做，你都无法让所有人满意；无论你答不答应，总有一系列问题会摆在你面前。

让我们来看一个案例：

朋友听小孙刚刚得到不少拆迁款，于是便向他借钱。小孙一听朋友要借三十万元用来给孩子更换学区房，虽面露难色又不好意思拒绝，于是对朋友说："我们家虽然得到了拆迁款，但经济大权掌握在我爱人手里，我得回去跟她商量一下。"于是，小孙以为自己这样迂回一下就等于拒绝了。没承想朋友很执着，过了两天又给他打电话催问："孙大哥，嫂子同意了吗？你也知道现在的政策，孩子想进重点中学，房子不在学校片区就进不去，这个忙你和嫂子一定得帮呀。"小孙支支吾吾答不上来，只好又撒了一个谎："你嫂子这几天没在家，等她回来再说。"挂完电话，小孙的爱人就在他旁边，对着他就是一通数落。

生活中我们经常会遇到案例中的情况，不会拒绝跟自己借钱的人，借出去要不回来又后悔；不会拒绝别人的请求，答应了又觉得十分不爽。

所以，既要学会拒绝又不能伤了感情，这种自如拒绝是我们每个人都需要学习的沟通技巧。

拒绝带来的难堪是出在自己身上还是出在对方身上呢？如何能够让我们学会自如拒绝，收获更好的人生？这是我们要探讨的。不可否认，拒绝是横在我们每个人面前的一道坎，迈过去就是一片坦途；如果迈不过去，那么总会遇到各种各样需要拒绝的地方。太多的请求，太多的关系，太多的牵绊，它会一直让你在拒绝与否的犹豫当中消耗自己的能量，让自己变得更差。所以，我们必须打破这种恶性循环，重建一个全新的心理防线和机制来面对这些问题。那么，具体应该怎么做呢？

一、拒绝不健康的"个人边界"

个人边界就是我们建立起身体、情感、精神的界限，我们每个人都应该有属于自己的个人边界，它是保护我们不受他人操纵、利用和侵犯的内心底线。有了这条底线，当不同的人向你提出不同的请求时，你才能自如地拒绝。不健康的个人边界是什么样的呢？

1. 拒绝别人会产生愧疚的心理

拒绝本身没有对错，但有些人拒绝了别人以后自己内心却并不好受。比如，我大学毕业初期，很多同学陆陆续续开始结婚，关系比较好的同学结婚邀请我参加婚礼，我都会去。但也有一些关系一般的同学邀请我，我就不太乐意去，但拒绝了又会觉得内疚。像我这样的人肯定特别多，明明不想去，拒绝了又过意不去，最后大多数情况下会违心地答应，这就是表面看是委屈自己成全了别人，实际是带着并不心甘情愿的心态去的，这是一种模糊的个人边界。

2.被刻薄对待后忍气吞声

职场中有很多人最终让自己处于不想做一些事情，但因为被大家贴了一个"老好人"的标签，他们往往对别人的一些要求不会拒绝，最终让自己处于各种各样纷繁复杂的杂事中郁闷不已。即使被大家刻薄对待了，他们依然选择忍气吞声。这样的状态不会因为老好人的默默忍耐而有所好转，反而会让人觉得这样的人好用，便变本加厉地将原本应该自己干的事情都推给这个老好人干。这也是一种不健康的个人边界。

3.讨好别人而放弃自身的信念

讨好别人而放弃自身信念的事有很多，我们举一个简单的例子。比如，你本身不是一个酒量大的人或者根本就不会喝酒。如果出去应酬，尤其是领导在场的情况下，大家都频频举杯，你为了讨好领导，碍于面子不得不举杯，然后喝到酩酊大醉。这是一种非常不理智的行为，也是不健康的个人边界。我去内蒙古出差，朋友非常多又热情，但是在聚餐的过程中，我很清楚自己不能饮酒，于是直接拒绝了很多朋友关于喝酒的请求。因为我觉得朋友在一起畅聊比喝酒更有意义，便直接拒绝了。在那个过程当中，我的感觉非常好，我不会觉得因为我拒绝了别人喝酒的请求，他就会小看我或不喜欢我，更没有因为拒绝喝酒而影响了合作，因为我的拒绝是守护自己的边界，赢得了更多人的尊敬。他们看我不喝酒，就希望我多喝奶茶或吃肉，这反而更好。

4.用别人的评价来定义自己

大多数时候，一个人不敢拒绝别人是无法接受一个"不被别人喜爱的自己"。尽管对方有可能只是自己生活中的一个过客，我们都可能因为拒绝对方而令其失望感到自责，所以会通过满足对方的提议来实现对方的肯定。但是，不懂拒绝会给自己带来很多时间的耗费和情感的耗费。人们没有守住自己的边界的原因还是源自不自信，希望在别人的评价中来定义自己。其实，很多人都特别在意别人的评价。比如，你特别想开一个自己的自媒体账号。别人说："你什么年纪了还做这个？"然后，你说："那好吧，我不做了。"你特别想从家庭主妇变成一个独立女性，哪怕做微商也好，然后老公对你说："你瞎折腾什么？"你说："好吧，那我不做了。"一直通过别人的评价来定义自己，活成了别人眼中的样子，却没有活成自己心中的样子，这样会很委屈。所有的委屈积压下来，带来的就是不开心和不快乐。在这种委屈当中不断地听取别人对自己的评价，你会逐渐失去自我。

5.想拯救别人

很多人不懂拒绝不是因为不会拒绝，而是内心里住着一个"救世主"，总觉得自己能够拯救别人。他们觉得自己应该对身边的所有人都好，任何人有了问题，他都应该站出来。我有一个同学，只要其他同学说缺钱了，他就会十分仗义地支援别人，实际上他也不是一个富裕的人，所有支援别人的钱都是他省吃俭用攒下来的。有时候，别人借了他的钱出去挥霍，而他却什么都舍不得，有时候他自己都不够花，还需要向别人借，这就是典型的"打肿脸充胖子"。他时常想要拯救别人，为别人包办和解决问题，但是从来没有想过自己的问题，这就是一个不健康的个人边界，我们一定要避免。

二、如何守护个人边界

1.对自己的人生负责

当一个人拥有了健康的个人边界时，才意味着对自己的人生负责。如果一个人连自己都过不好，又如何善待朋友、家人和合作伙伴呢？只有对自己的人生负责，让自己不要陷入负面的心态当中，不要因为自己不健康的个人边界给自己带来困扰，才能坦坦荡荡地做事和生活，才能在照顾好自己的同时照顾别人。生活中的我们是不是常常有这样的经历：明明想对别人说"不"，却硬生生地把这个"不"字吞进了肚子里，而违心地从嘴里蹦出来一个"是"字。不懂得拒绝别人往往是内心害怕自己成为那个"不讨人喜欢"的人，从而选择了明明不愿意而违心答应，结果只能由自己默默承受。学会拒绝是迈出对自己人生负责的第一步。

2.自己好，身边的人才会好

当你活出自我的时候，你身边的一切都会变得更好；而当你失去自我的时候，身边的人也并不一定能够因为你失去自我而变得开心快乐。怎样才能够建立健康的个人边界？首先，要明确你有建立个人边界的权利。每个人都是独立的个体，千万不要成为谁的附属。其次，要明确自己的感受比别人的需求和感受更重要。因为当我们开始自爱的时候，我们才有资格去爱别人。如果我们只是一味地讨好，也不会得到他人的爱。"人不为己，天诛地灭"，这里的"为"就是成为和修为你自己。所以，当我们努力修为自己，成为那个真正发光的自己的时候，我们才能够在天地之间找到容身之所，找到安身立命之处。不要认为只有挤压自己的空间才能够让别人看到你，恰恰相反，当你在不断地挤压自己的空间时，别人更不会在乎你。

3. 明确哪些行为不能接受

每个人都有自己无法接受的事物，如果你不明确，就会让自己的个人边界变得模糊。所以，要把自己不能接受的事列出来。比如，想想什么人、什么事会让你特别不开心，下次再遇到类似的事情要坚决拒绝。我有一个朋友，她是俄罗斯人。她抽烟，但她有明确不能接受的事情，就是不允许自己和别人带给不抽烟的人麻烦，她不会在公共场合抽烟。所以，只要大家聚在一起的时候，她就无法接受别人抽烟。如果遇到谁在公众场合抽烟，她会非常明确地指出来。如果谁到她的办公室，也会被明确告知不允许抽烟。无论对方是谁，无论你是多么成功的企业家，只要你来到这里，你就要遵循我的准则，不可以抽烟。要抽怎么办？没关系，可以出去抽。我非常钦佩她对自己边界的设定。

我们弄明白了什么是健康的个人边界和如何守护个人边界，下面就要学习如何有效地拒绝了。

三、有效拒绝的三个建议

1. 开门见山而不是拖泥带水

我们在表达拒绝时经常担心伤害对方，就会把话说得特别委婉。但我们以为的委婉，在对方眼中恰恰是模糊。拖泥带水，不给一个准信儿，只会耽误人家的进度。要学会拒绝，不要把一个错误变成两个错误。所以，拒绝要表现出坚定的立场，这也是告诉别人自己的边界在哪里。

比如，我的一个朋友被邀请参加一个商业活动。说实话，他是不想去的，但他没有直接拒绝而是说时间对不上。过了几天，人家又来找他，说我们改了时间，这下总没问题了吧！但他却说自己真没空，结果搞得对方很不高兴。这件事让朋友也挺不舒服，觉得自己拒绝得不干脆、不彻底，给别人留下了话柄，显得自己挺不靠谱。最后，朋友得出一个结论：以后与人沟通，拒绝时决不能拖泥带水，不行就是不行。这样对别人、对自己都好，不会有后续的麻烦。

敢于向别人说"不"的人往往内心具备很强的"独立感"，这个"不"不是看人下菜碟，而是因为我自己内在真的不想做这件事，无论是谁。遵循自己内在的感受，我不愿意做的事就会说"不"，我不会因别人的原因而改变，这样的人往往内心具备很强大的力量。另外，敢于说"不"的人体验了生命更多的完整感。在两个人的关系里面，如果只允许美好，不允许瑕疵，那这种关系其实并不真实。关系中有好的一面，也有缺陷的一面，这样的关系才是真实和完整的关系。就像那句谚语，Don't say maybe if you want to say no！别说什么可能不可能，如果你想说拒绝就直接说，明确地说"不"，因为在不确定性的中间游离是一种让人非常痛苦的状态。

2.承认和理解对方的处境

拒绝对方也可以表达对对方遇到困难的同理心，比如"我理解你的难处，明白你的意思，但我确实帮不上忙"。向对方表达感谢，比如"谢谢你在困难的时候想到我"。人在遇到困难的时候才会开口向别人求助，因为谁都有低能量的时候，所以，当遇到朋友或亲人向你求助的时候，你虽然不能在物资上提供帮助，但可以感谢对方对你的信任，这是一种精神上的鼓励。当一个人被感谢的时候，他内在的神圣就能够被唤醒。首先，感谢对方信任你，第一时间来找你；其次，感谢对方能理解你的难处与拒绝。

3.告诉对方你在为他着想

拒绝了以后要告诉对方你并不是绝情，而是为他着想。比如，你的同学让你帮他考试，这样的忙肯定要拒绝，然后你要对他说："我也是为你着想，万一事情败露被抓，你会被处分。"有时，你的同事让你帮忙代打卡，你可以说："这个忙我不能帮你，这也是为你着想，一旦被发现，我的奖金被扣是一回事，你可能连饭碗都不保了。"

拒绝既能让自己成长，也能让对方成长。如果凡事你都学不会拒绝，就在无形中助长了别人对你的依赖。

所以，在与人沟通和交往的过程中，当我们需要拒绝的时候，在不伤人也不伤己的情况下，干脆地、得体地拒绝，既利于自己，也利于别人。

> **重点回顾**

自如地拒绝包括三个方面。

（1）识别不健康的"个人边界"：拒绝别人会产生内疚心理；被刻薄对待后忍气吞声；讨好别人而放弃自身的信念；用别人的评价来定义自己；想拯救别人。

（2）守护个人边界：对自己的人生负责；自己好，身边的人才好；明确哪些行为不能接受。

（3）如何正确拒绝：开门见山而不是拖泥带水；承认和理解对方的处境；告诉对方你在为他着想。

第五章

让你创品牌
——公众演说让你拥抱影响力

第一节　如何做介绍

只有在人群中，才能真正认识自己。

——德国名言

自我介绍在整个公众演说中所占的比例不是很大，却起到了关键作用。一个好的自我介绍能给人留下美好的印象，会对接下来的演说起到很好的启动作用。演说者在演说时不仅要将自己的观点灌输到人们的头脑中，并得到大家的认同，还要让听众能够记住自己。无论是销售演说还是供职演说，抑或其他公益演说，良好的自我介绍等于营销自己。

我们来看一个自我介绍的例子：

各位朋友大家上午好，我叫×××，毕业于××学校，专业是××。我个人擅长×××，有多年的工作经验，这些工作经验锻炼了我的能力，让我从中学到了很多。我也做过很多年的培训和演说，今天很高兴与大家齐聚一堂。我是来自农村的"90后"，我放过牛、养过羊，通过自己的努力获得了一定的成就，才有了今天各地演说的机会。希望今天的演讲能带给大家不一样的体会。如果在演说的过程中，大家有任何疑问，可以随时提，我会一一解答。

这个案例中的自我介绍不能算低级，但太过普通，给不了别人眼前一亮的感觉，所以很难立马吸引别人的注意力。

要想让自己成为品牌，自我介绍不可不慎，也是需要学习和提升的。好的自我介绍就像一本书的封面，让人有看下去的欲望。

自我介绍在沟通中是一件高频出现的事情，有哪些步骤呢？

一、MTV 法则——轻松场合的自我介绍

凡是涉及自我介绍，一定会有新的链接产生，所以介绍的目标也应该围绕能否建立链接这一关键指标。因为商业世界运转的本质是价值交换，所以在进行自我介绍的过程中一定要围绕价值输出这条主线。

MTV 法则刚好能够回答听众最关心的问题：你是谁？你很厉害吗？你和我有什么关系？接下来，我们逐一拆解。

M 代表 Me，也就是我是谁。自我介绍肯定要把自己的名字、职业，最好把自己的标签告诉别人。拿我自己举例，在做自我介绍的时候应该说："大家好，我是高兴，就是高高兴兴的高兴。我是一名演说教练。"也可以说："大家好，我是演说教练高兴，今天认识大家也非常高兴。"自我介绍有几个需要重视的点。

1. 名字非常重要

名字代表自己被人们第一时间记住的元素，所以第一时间要把自己的名字传播出去。从广告营销学的角度来讲，一个品牌的名字越简单越容易被传播，越复杂越不容易被传播。所以，在汽车品牌里面，奔驰、宝马、奥迪，它们的名字特别生动形象，尤其是奔驰和宝马，对于一辆车来讲，你的脑海中瞬间就浮现出一幅画面。所以，自我介绍名字很关键，听众记得住你的名字，你就能够获得更好的发展。想象一下，你认识的厉害的人是不是都是名字响当当的？所以，构筑个人品牌的核心工作就是让你的名字被更多的人记住。

2. 你的职业是什么

职业是别人跟你链接的桥梁，换句话说就是我在哪方面的需求可以联系到你。很多人不愿意说自己的行业。有人在做自我介绍会很笼统地说自己是做大健康行业的。大健康行业的门类和职业非常多，我不知道你是做什么的，那我就在很多情况下无法与你链接。也就是说，当我需要帮助的时候或者我有一个很好的项目想要推荐给你的时候，我都不知道你是做什么的，我怎么推荐给你？反过来，如果你说你是做大健康行业的，你是做干细胞研发的，那我就会说，你们是不是有很多很好的产品？你们的产品是怎么销售的？我可不可以跟你一起来做这件事情？你看，这就是链接的开始。还有很多人说，老师我是做金融的，结果一问是卖保险的。卖保险这件事情本身没有什么问题，甚至我觉得它是一个值得骄傲的职业，但是如果你在前面说自己是做金融的，你就可能会丢掉几个想买保险的客户。还有很多人说自己是做互联网的，太泛泛了，你是产品经理、程序员，还是工程师？所以，你一定要讲清楚自己的职业，这样才有利于你链接人脉。

3. 标签

一定要给自己贴标签，比如，我们有一个同事叫小宏，小宏的标签是我们部门的"CTO"（首席技术官），我的电脑运转速度慢了找小宏，我们的风扇不转了找小宏，门禁卡打不上了找小宏，所有这样的问题都找小宏。我们给小宏贴的标签是"万能的CTO"，但实则是什么呢？是所有人加上了我们对他的认可。我们再去推荐他时，他就更容易被传播。比如，当我们部门来了一个新同事时，他就能更快速地认识小宏。反过来讲，如果给一个新人贴上正向的标签，在领导层面上他也会取得一个举足轻重的位置。因为所有人对他的标签非常清晰，也都在传播他，领导们就知道他是一个有能力的人。这样的标签能够有助于固化你在别人心目中的形象，而这种形象固化的过程就是你给自己贴的积极标签，它容易让你获得更多人的认可。

T就是Task，就是介绍自己的成就。谈谈自己获得过哪些成就或取得过哪些成绩。因为我们每个人都喜欢和崇敬那些特别厉害的人，而且成年人的社交本就应该是向上链接的，所以你必须展示出自己的实力或者精彩的过往。就像在面试的时候，我们一定会罗列出自己曾经取得的成绩。但是，在这里必须注意的是，成就要靠两个元素来彰显，一个是事件，另一个就是数据。

成就事件，就是曾经做过厉害的事情。比如，你曾经环游中国；白手起家创建了一个连锁品牌；在行业比赛上拿过什么大奖；有突出的兴趣爱好，如每年参加两场马拉松比赛，组建了一支老年模特队等。很多人说自己一生平淡，没做过什么厉害的事情，但是仔细一想你就会发现，在漫长的岁月旅途中怎么会打磨出一无是处的人呢？每个人都有闪光点，我们需要的是发现和挖掘自己的闪光特质。比如，我的一个学员说，"我的眼光很好，嫁了一个博士，进了一家上市公司。"还有一位姐姐说，"我没什么文化，但是培养出了一位世界冠军。"再比如，我有一个学员，她是一个回归职场的家庭主妇，但是她告诉我们她六年生了三个宝宝，还爱上了烘焙，现在是一个烘焙达人，在自媒体上分享自己的育娃心得和每天的烘焙创作。你看，这样充实的生活不也是一种成绩吗？如果你取得过哪些证书，以什么样的高分考到过哪个学校，或者在自己的职业生涯中拿下过什么样重要的项目，都可以讲。

数据支撑就是利用数据的力量，比如，100天减重30斤、连续6个月成为行业销冠、品牌在全国有70家连锁店。听到这样的数字，你会不会忍不住地发出"哇哦"的声音？如果你的介绍能够让听众感觉不可思议或者很受震撼，那么你已经开始让听众仰视你了。这样的自我介绍就是成功的，或者说介绍为你带来了很多可能性。

V就是Value，就是讲讲自己能够贡献的价值。讲价值就是自我介绍的时候讲我能够贡献的事情，人人都想和能给自己带来作用的人产生链接，这就是你的价值。我有一个同学，年轻有为，开了牙科连锁品牌。

他在台上做自我介绍的时候说:"大家好,我叫某某某,我毕业于北京大学医学院,从事某某分科。我从小对机械很感兴趣,又很喜欢医学,所以选择了一个用到机械最多的医学门类——齿科,因为会有很多的钻头和工具,然后成立了自己的品牌。目前品牌走过三年,在全国已经有20家门店。如果大家有口腔方面的问题可以随时来找我咨询。我们店有免费的洗牙卡,可以每人赠送一张。如果你有时间,可以来到我的牙科医院,我会为你带来专业的建议和舒适的洁牙过程。"这样一讲,大家会觉得这个人很厉害,而且觉得他做的这件事很有价值。后来,我真的和他产生了链接,去洗牙的时候享受了全口腔服务检查,我还经常会向其他朋友推荐这位朋友的口腔诊所。

我在参加一些商会活动时会这样做自我介绍:"我是一名演说教练,为央视、天津卫视、山东卫视等职场节目做商业表达指导,也曾经为美的、国航、360等企业做特训演说导师,我服务过的企业家有×××、×××、×××……把这些讲出来,我能贡献的价值是什么呢?在座的企业家,你们无论是管理企业还是激励团队,或者要IPO做路演,我们都有对应的演说框架,能够在短时间内提升企业家在公众表达场合的综合表现。我整理好了练习材料,可以免费分享给大家。"每次听到这里,在座的那些企业家就会说:"老师,我加您一个微信吧。""老师,能不能请您到我的企业去做顾问。"这就是我的标签和价值。

MTV法则能够在很多轻松的场合让你做出一个能够产生连接的自我介绍,我也叫它"吸粉神话"。那么,在一些正式场合,我们应该如何进行自我介绍呢？这里给大家分享另一个自我介绍模型，叫作"三名志帮祝"。

二、"三名、志、帮、祝"——正式场合的自我介绍

在很多正式场合做自我介绍之前要和现场的观众打招呼，这个开场应该怎么做呢？我在这里建议，开场要说三个名字。第一个名字就是对面观众的名字＋问好，比如，"现场的各位领导、各位同仁，大家晚上好""尊敬的各位老师、亲爱的同学们，大家上午好"。第二个名字就是活动的名字＋心情，比如，"我非常开心能够来参加高兴老师的线下沙龙""我非常开心能够来参加某某庆典""我非常荣幸受到邀请来参加这次论坛"等。第三个名字是自己的名字＋称谓，比如，"大家好，我叫高兴，就是高高兴兴的高兴，你们可以叫我高兴老师"。如果你的名字不是很好记，那么一定要用更简单的称呼方式让别人记住你。

"志"讲的是志向、目标、愿景。要给自己梳理一下，大致的话术是："我做××工作××年，一直以来的目标是……"比如，很多人会问我："高兴老师，您做演说教育事业有没有什么目标和愿景？"我会说："从事商业表达教育十多年，我的目标和愿景就是让语言成为每个人的力量。"你的目标是什么？有没有远大的志向？这是让听众仰望你的最佳时机。

"帮"就是让听众获益，这一点至关重要。如果听众没有从中获得什么好处，这个自我介绍就不会有人感兴趣。有太多朋友喜欢谈优势、特色、产品的核心竞争力、团队怎么好、品牌怎么大，这些都是演讲者的

语言、演讲者的思维，并不是听众想听的。要激发听众的兴趣，首先要明确听众要的是价值、获益，是对他们有帮助的东西。所以，自我介绍的最终目的是向听众传达你能带给他们什么样的帮助。

"祝"讲的是送上自己的美好祝愿。比如，高兴老师在所有的分享结束之后都会祝福大家"好好说话，天天高兴"，这就是专属于我的美好祝愿。你是做健康产业的，你就祝别人长寿；你是做美容业的，你就祝别人健康、年轻、漂亮……一定要有一句专属于自己的美好祝愿，把它写下来、背下来，只有每次都这样说，你才不会忘记。很多人开场话术没问题，就是到最后不知道怎么结束。记住，当你不知道说什么的时候，送上一份祝福就是最好的结束。

三、如何介绍别人

1. 推崇和塑造

介绍别人离不开推崇和塑造，你要像讲自己一样去讲别人做过的成绩。比如，雷军在演讲中就提到一个27岁叫姚聪的米粉，是华能集团的一名风电工程师，每个月都在山里工作。虽然工作很枯燥，但他觉得风电事业非常有意义。雷军不但记得这位粉丝的名字，还记得他的职业，还强调了他为风电事业贡献了自己的青春，有理想、有抱负，这个人是小米的粉丝。这就是借推崇和塑造别人来突显小米手机用户人群的特性。

2. 给别人贴积极的标签

当你介绍别人的时候，比如家人、朋友、同事和客户等，都要给他们贴一个积极、正能量的标签。比如，家人的理解与支持，孩子的自律，同事和客户对自己的帮助等，这些都是积极正向的标签。如果是做实业的，则可以给对方贴一个行业里的标杆形象，比如，×××是金融行业的领军人物、×××是时尚教母、×××是行业大咖等。

3. 介绍别人要注意顺序

介绍别人要遵循"尊者优先"的顺序，身份更加尊贵的人有优先知情权。比如，一个是领导，一个是客户，站在公司利益的角度，客户应该是尊贵的，有优先知情权，所以要先把领导介绍给客户。

四、如何介绍产品

当我们介绍"物"的时候，有什么好的方法呢？有一个非常落地且实用的技巧叫作"四与法则"，即与生俱来、与众不同、与我何干、与时俱进。

1. 与生俱来

这里要介绍产品自身的特点。比如，某人介绍自己的西装是定制的，面料考究，产自意大利，它是纯羊羔毛的材质，并且根据亚洲人的身材裁剪设计，这就是产品与生俱来的特质。

2. 与众不同

因为它自身的特点，所以才会有与众不同的优势。它不像普通西装，会更合身，更显气质与身份。因为是根据不同人的身材定制的，面料好，没有束缚感，既有时装的特点，又具备正装的品质。

3. 与我何干

跟我有什么关系？你看，其实你跟我一样，都在职场当中，尤其你比我还接触到了更多高端人士，所以我建议你也可以选择一套定制的礼服，这样别人就会通过你的礼服看到你的品质，所有的光环和光晕效应会让你的未来变得越来越好。

4. 与时俱进

要结合当下的一些热点或给出一些限时优惠。比如，"你看前两天热播的电视剧《精英律师》里的礼服都是定制的，你作为这么厉害的一个大律师，必须得穿定制的服装，要不然客户见了你之后都会怀疑你的专业能力。"

重点回顾

（1）MTV法则：讲自己的名字、讲自己的成就、讲自己的贡献。

（2）"三名、志、帮、祝"：开场三个名字＋志向愿景＋帮助价值＋送上祝愿。

（3）介绍别人：推崇和塑造、贴积极的标签、注意顺序。

（4）介绍产品：与生俱来、与众不同、与我何干、与时俱进。

第二节　即兴发言

即兴发言能力不是与生俱来的,而是靠思维训练得来的。

——高兴

每个人常常会在很多场合碰到即兴讲话。即兴讲话展现的不仅是自身魅力,还有态度和立场问题。因此,即兴讲话也不能随兴乱说。由于事先没有任何准备,突然要在公众场合发表讲话,这对很多人而言是一大挑战,他们往往不知道该从何说起。其实,即兴讲话也是有规律可循的。

在我们的日常沟通过程中,经常会遇到需要即兴发言的情况,例如领导开完了一个会议,直接点名某人即兴发言,如果能够把握好,就是一次出彩的机会。但是大多数人都会与这样的机会失之交臂,事后想想自己有很多话想说,却无法表达出来,总会追悔莫及。

即兴是不是等于毫无准备呢?当然不是。那些在你看来突如其来又精彩非凡的发言,其实很多都是有"准备意识的"。所有的即兴发言,就是把自己零散的想法打包装起来再送出去的过程。在这个过程当中,我们需要有素材的收集和对素材加工处理再往外送的整个流程。

有一个即兴发言的经典案例：

黑人总统马丁·路德·金遇刺，肯尼迪当时刚好在飞机上，他听到了这个消息。作为美国领袖，如果当时不发言，美国有可能会发生动乱。黑人总统遇刺，意味着黑人和白人已经彻底决裂，这是非常大的一件事。下了飞机后，肯尼迪总统立马站在一个临时的板车上开始了五分钟的即兴发言，而这也起到了力挽狂澜的作用。

他是这样说的："我有一个坏消息要告诉你们，我的同胞们和全世界热爱和平的人——马丁·路德·金被枪杀了，他为了他的同胞们献身于爱和正义。在美国，我们需要的不是分裂，我们需要的不是仇恨，不是暴力或无法无天，我们需要的是爱、智慧和彼此的同情。在我们这片土地上还在受苦的人，无论他们是白人还是黑人，都要有一种正义感。"然后，他又引用了希腊诗人埃斯库罗斯在痛苦当中所产生的智慧，并用号召式的语言呼吁民众："让我们为希腊人许多年前写下的理想奋斗，驯服人类野蛮的天性，为我们的国家和人民祈祷。"

正是这样的一次即兴发言，让美国当时并没有产生大规模的暴动，人们都在播放着肯尼迪总统这五分钟的即兴发言，感受了力量和正义。人们也对此津津乐道，认为真正的即兴发言并不是凭空而来的技能和素养，而是经过多年积淀形成的一种能力，一种短时间内组织语言让说话更有效果、更有力量的发言。

我们难免会遇到需要即兴发言的情况，所以需要学习如何进行有效的即兴发言。如果我们说的每一句话能够说在点子上，我们说出去的每一句话都能够影响别人，都能够产生积极的效果，这才是有意义、有价值的发言。

一、黄金三点论

做任何事情，如果逻辑清晰、条理分明，他人会更容易接受，说话也是如此。即兴发言也需要遵循严谨的逻辑和结构，在这里有一个"黄金三点论"就是解决逻辑问题的。每年我都会受邀去高校给即将毕业的学生做专场讲座。有一次，在课后十分钟的答疑里，有同学提问："老师，您能不能告诉我们，进了职场哪些行为是忌讳的，哪些是不应该做的呢？"听到这样的问题，我的脑海里瞬间会有很多答案。为了能让学生们听到更有逻辑、更清晰的答案，于是我讲了对自己印象最深的三件事：第一是不能没有礼貌；第二是不能越级沟通；第三是不能犯了错误就找借口。虽然这三个方面没有什么相关性，但学生们听到我讲的这三点就很容易记住。

我给大家推荐一个值得学习的表达高手——北大才女刘媛媛。她因为讲话有条理，能够抓住人的心，所以在入驻抖音以后，很快就获得了带货达人前10名的成绩。她的一篇文章让她吸粉千万，然后她在微博上讲过对自己下半年的期许，内容很多，但逻辑十分清晰，她主要讲了三个板块。

1. 手上有活

她说她期待在下半年第一是手上有活,并讲述了一个送外卖的快递小哥逆袭成高考状元的故事。以此来说明,我们每个人只有手里有活的时候才是幸福的,我们千万不要让自己闲下来。一个碌碌无为、闲了太久的人就会产生各种各样的负面情绪,而这些情绪会引领你走向一个更差的生活。

2. 心中无事

她说在抖音带货的过程中遇到了很多人,听到了很多不同的声音,有鼓励的也有谩骂的,说她一个北大法律系毕业的人,为什么不好好做律师,却跑到网上当网红带货。直到后来直播的次数多,卖了更多的书,推荐给很多家长小朋友们打开阅读的大门,人们又开始赞赏她做的事。她说:"一路走过来,听到过各种各样的声音,我只是听听罢了,从来不太当真。就是你自己的生活需要你自己去过,你自己的路需要你自己去走,所以一定要做到心中无事,就是不要装下那么多别人的风凉话,装下那么多别人的看法。你一定要做到心中无事,不要有太多的杂念,左思右想会影响自己的行动和未来的发展。"正是这种心中不要装事的大智慧,让她选择努力地工作而不受舆论的影响,做出了自己想要的成绩。

3. 身边有人

她分享自己工作的时间里,父母和家人都陪伴在身边,让她感受到被支持的温暖。加上成功离不开整个团队的合作，讲了团队小伙伴相互扶持的温暖故事。最后，她总结自己因为身边有人陪伴，感到十分幸福。

就是这么简单的一件事，讲得如此有逻辑，非常值得大家学习。

我曾参加了一个朋友的生日派对。他专门把我请到前面，并将我介绍给了在场的人。这个时候，我需要介绍自己吗？或者说我要顺着他的话题来聊一聊我自己吗？不要。所以，即兴发言要看场合。我知道生日派对朋友是主角，我要发言不是介绍自己，而是衬托他这个主角并且送上祝福。我说："送你三个祝福，第一，希望你手上有活，事业蒸蒸日上，客户源源不断，生意兴隆，如果实在忙不过来，也可以喊我们过来帮忙；第二，心中无事，在家庭、事业发展的过程当中，小事不要放在心上，多想想那些开心的事，让自己每天高高兴兴的；第三，身边有人，希望你能早一点找到自己的伴侣，组建一个美好的家庭，到时候我们在场的所有人都会来见证这场盛大的婚礼。"

还有一次，我去参加了一个朋友的开业典礼，他想让我讲两句。我说："其实今天来到现场，我最大的感受就是羡慕。"我讲了第一个羡慕，空间多么棒，地理位置多么优越，布置得多么漂亮；第二，我讲了羡慕他们的团队很优秀，所有人的精神状态都是能量满满；第三，我讲了羡慕他现在做的这件事情是符合时代潮流的、符合当下趋势的，是一个顺应时机的很好的商业模式。综合起来，我所有的这些羡慕，其实就是三个词，叫作"天时""地利""人和"。我说："你占了天时、地利、人和，所以这件事情一定能够成功！"送上这样的祝愿，也是运用了黄金三点论。

希望大家能够按照上述案例中的思路和公式运用到自己的实际生活场景当中去检验、实操。很多人问："想要即兴发言，但内向这件事情能不能改变呢？"其实，我不建议别人改掉自己的性格，因为内向并没有什么不好的。但紧接着我们要思考一个问题，就是你自己纠结的点在哪儿？你纠结的不是内向，而是害羞，不知道怎么跟别人去交流和表达。这件事情能不能够解决？唯一的解决方式就是多练。今天你不会去跟别人说话，或者说你不敢在当众讲话的场合说几句，那你就要多练。运用黄金三点论，记住"手上有活、心中无事、身边有人"这12个字，根据场合去套用。所谓的高手就是他们储备的素材比我们多而已，现在你就储备了一招。

二、小中大套娃

俄罗斯套娃最小的在里面，接着套一个中号，越往外面套得越大。这个过程就是一个从小到大或由近及远的状态。如果我们学会了由小到大或由近及远的讲话方式，就有助于我们在即兴表达中不断突破和进阶。

我们举个例子来看一下什么是从小到大。比如，大家聊起疫情对我们的影响，那就可以由小到大。疫情刚来的时候，我们在家里不能出门，阻断了人与人之间的链接，这叫小的影响。疫情对实体经济的冲击是前所未有的，整个城市停止运转、经济放缓，这就比一个家庭受到的影响大了。而全世界阻隔了交流，大家遇到了共同的危机和困难，疫情造成的影响上升到全世界。这就是一个从小到大的过程。

比如，问坚持健身有什么好处，就可以从小到大来展开。首先，坚持健身能够保持一个良好的身材；其次，能够让自己更加健康；最后，由于身材好，保持了健康的状态，精神状态也就会变好，会更自律、更有气质和能量，就能吸引同频的人。这就是一个从小到大的过程。

如果说黄金三点论的三者之间没有关系，而小中大套娃形式就使三件事之间有了关系，这个关系从小到大、由近及远、从微观到宏观，在即兴发言的时候大家不妨尝试一下。

三、时间线推进

时间线推进就是将发言的内容分成之前、现在、未来或者昨天、今天、明天这样的阶段进行，就会让自己的发言给听众呈现出一个发展的过程。

举个例子：

王健林在牛津大学做演讲，现场有个学生向他提问："事业做得这么成功，每天日程表上依然是规律的作息和自律的运动，是什么动力促使您这么做呢？是财富的追求还是纯属习惯使然？"

王健林当时就用了时间线推进的方式回答了这个学生的提问。他分别说了自己刚当兵转业到地方开公司，那时万元户已经非常了不起了。他们当时喊出了一个宏伟的口号，挣一个亿就退休，这是第一个阶段。结果，这个目标很快就实现了。这就到了第二阶段，不再像开始创业时那么说干就干，就有了思考，也就开始了实现理想和抱负的阶段，不甘于只在一个地方做一家企业，就想着把这样的企业做成一家全国知名的企业。于是，经过多年的打拼与经营，万达成功地走向了全国，并且成为世界顶级的品牌。这就到了第三阶段，思想又变了，要让万达成为一个常青的品牌，一个让全世界知晓并认可的品牌。所以，为了保持和品牌一同成长，他也从第一阶段到第三阶段，一直保持着勤奋和自律，这就是他的原动力，也可以说是职业习惯。

有时候，我会让学员们说说上课的感受，他们就会采用这种时间线推进的方法来说。比如，来之前是什么状态；学习之后是什么感觉；未来通过训练，持续不断地学习，能够成为一个什么样的人。

四、空间结构法

我们在即兴讲话的时候，可以按照空间去构建思路。举一个我自己例子。有一次，我到北京讲课，有同学问我："老师，您在天津读书4年，毕业后又留在那里工作，您能分享一下天津给您留下最深刻的印象是什么吗？"于是，我就采用了空间结构法来构思自己的发言，给同学们分享了天津站、大学城和电台路的三个故事。通过这三个地点发生的三个故事，讲述了我对于这座城市的依恋和情感，大家听起来就很有感触。

生活中能找到很多这样象征性的节点事件，比如跟太太在一起7年感情依然很好，原因是什么呢？可以用空间结构法来讲讲两个人在哪些地方留下过什么美好的回忆，在哪些地方有过争吵和误会，又在哪里收获了感动等。

即兴发言不是信口胡说,要有结构、有逻辑,不要混乱一片,要先理清自己的思路。我公司组织或承办大型活动的时候,我经常会问一个问题:准备得怎么样了?这时,我就会推荐我的员工用空间结构法来汇报工作。比如,他可以说,舞台后面的演员、主持人、嘉宾的准备情况;舞台上面的大屏幕素材、道具、灯光等的准备情况;舞台对面的摄影摄像等的准备情况。这样就可以非常全面地看到了整个活动进展的情况。还有一种叫场合,比如说我们讲沟通表达这件事情是要分场合的,有职场中的沟通,有社交中的沟通,有家庭中的沟通,通过三个场合来划分沟通表达不同的维度,职场要专业,社交要情商,家庭要氛围。这就是使用空间结构让我们的表达更清晰、更流利。

五、三问三答法

三问三答就是,是什么,为什么,怎么做。当你遇到一个问题的时候,如果能够按照这个方式去梳理,问题就会清晰得多。经常有一些企业需要定制课程,我一般会采用三问三答的方式进行提问。一般他们就会回答,是什么原因决定请我去讲课,公司需要解决的核心问题是什么,为什么会有这样的问题,到底该怎么做。根据企业提供的这些具体问题,我会给出明确的思路,也能够提前进行课程的规划和梳理,以便能够与企业出现的问题相匹配。很多时候,面对提出问题的即兴发言,采取三问三答法就能把问题的实质显露出来,这样非常有利于问题的解决,也能提升即兴发言的质量,而不会出现顾左右而言他的尴尬。

六、因果分析法

因果分析有两种状态，一种叫一因多果，另一种叫一果多因。一因多果就是一个原因产生了一系列的后果，比如新冠疫情给民生、经济、健康等产生了一系列的后果。一果多因就是一个结果出现了，我们分析一下原因，比如在东京奥运会上，中国女排失利了，原因是什么？可能有多个层面，第一，因为疫情的原因没有打过海外的对抗赛，对场地不熟悉；第二，我们的主力朱婷出现了一些伤病；第三，主场是东道主，对手的情绪更放松等。这就是从一个结果出发，分析出很多原因。

所以，当有人在现场问我们"这件事你怎么看"的时候，就可以用因果分析法来展开自己的发言，是不是一个原因产生了很多的结果？结果背后有哪些成因？因果分析法也是一种高效回答怎么办、为什么、是什么的即兴表达公式。

以上六点就是即兴表达的技巧，可以根据不同的场合选择不同的方式。值得注意的是，无论哪次即兴发言，一定要有时间观念，不能把即兴发言变成现场演讲。无论多么精彩的发言，控制在五分钟左右即可，时间一长，人们就会忘了你的精彩而开始变得不耐烦。

> **重点回顾**
>
> 即兴发言包括六种方法。
>
> （1）黄金三点论：手上有活、心中无事、身边有人。
>
> （2）小中大套娃：个人、企业、国家。

（3）时间线推进：昨天、今天、明天。

（4）空间结构法：舞台上面、舞台后面、舞台对面。

（5）三问三答法：是什么、为什么、怎么做。

（6）因果分析法：一因多果，一果多因。

第三节　故事营销

听故事是人类的天性，讲好故事是人类文明传承的第一性原理。

——佚名

故事营销是营销运用上的最高境界。一旦能够善用故事营销，那么我们所促销的内容可由实际的"物品"提升为更高境界的"情感"，而物品有价，情感无价。一旦诉诸情感，除了有其不可取代性之外，其所产生的价值更能以数倍计，甚至以百倍计。

如果想要把一次演讲变得更加生动、有趣，我们一定要组织更多的案例。而在组织案例的过程中，讲好故事是一个非常重要的内容。我们都知道，讲好故事能够带来巨大的商业转化。

演讲的高手都在讲什么？讲案例、讲素材、讲故事，当他堆积和罗列起来很多的案例故事和素材之后，你自然就明白了他想传递给你的知识或者观点了。

我们来看一个《寒门贵子》的故事（原文来自刘媛媛的演讲）：

前些日子，有一个在银行工作了十年的HR（人力资源管理师）在网络上发了一篇帖子，名为《寒门再难出贵子》。意思是说，在当下，我们这个社会里面，寒门的孩子想要出人头地，想要成功，比我们的父辈更难了。这个帖子引起了特别广泛的讨论，你们觉得这句话有道理吗？

先拿我自己来说，我就出身寒门，我们家都不算寒门，我们家都没有门。我现在想想我都不知道，当初我爸妈那么普通的农村夫妇是怎么样把三个孩子从农村供出来读大学、读研究生的。我一直都觉得自己特别幸运，我爸妈都没怎么读过书，我妈连小学一年级都没上过，她居然觉得读书很重要，她吃再多的苦，也要让我们上大学。

我一直也不会拿自己跟那些比如家庭富裕的孩子做比较，我和他们之间会有什么不同或者有什么不平等，但是我们必须承认这个世界是有一些不平等的。他们有很多优越的条件，我们都没有；他们有很多的捷径，我们也没有。可是我们不能抱怨，每个人的人生都是不尽相同的，有些人一出生就含着金钥匙，有些人一出生连爸妈都没有。

英国有一部纪录片，叫作《人生七年》，片中访问了12个来自不同阶层的7岁小孩，每7年重新访问这些小孩。到了影片的最后，富人的孩子还是富人，穷人的孩子还是穷人。但是里面有一个叫尼克的贫穷的小孩，他通过自己的奋斗变成了一名大学教授，可见命运的手掌里面是有漏网之鱼的。而且，现实生活中寒门子弟逆袭的例子更是数不胜数。

所以，当我们遭受失败的时候，不能把所有的原因都归结到出身上，更不能抱怨自己的父母为什么不如别人的父母，因为家境不好并没有斩断一个人成功的所有可能。

你一辈子都在感受感动，那你的一生就是感动的一生。

你一辈子都在感受抱怨，那你的一生就是抱怨的一生。

你一辈子都在立志于改变这个社会，那你的人生就是斗士的一生。

当我在人生遇到很大困难的时候，我就会在北京的街头走一走，看着人来人往，而那时候我就想：刘媛媛，你在这个城市里面真的是一无所依，你有的只是你自己，你什么都没有，你现在能做的就是单枪匹马地在这个社会上杀出一条路来。

这段演讲到现在已经是最后一次了，其实在刚刚我问的时候就发现了，我们大部分人都不是出身豪门的，我们都要靠自己。所以，你要相信，命运给你一个比别人低的起点，是想告诉你，让你用自己的一生去奋斗出一个绝地反击的故事。

这个故事关于独立、关于梦想、关于勇气、关于坚忍，它不是一个水到渠成的童话，没有一点人间疾苦，这个故事是有志者事竟成，破釜沉舟，百二秦关终属楚；这个故事是苦心人天不负，卧薪尝胆，三千越甲可吞吴。

在这部作品当中,她想说服大家,寒门的孩子也是可以通过自己的努力获得成功的。你看,这个主题是不是很明确?为了让大家相信寒门可以出贵子,她用了案例来展开,分别是自己的故事、纪录片《人生七年》里的故事。排比句的运用非常有气势。最后,她给人传达的理念就是"我要改变这个世界,我就是一个斗士的一生"。这个案例,既有刘媛媛自身对于组织故事的能力,也有故事本身的魅力,才成了人们津津乐道的超级演说家中的经典案例。

人人都会讲故事,但如何把故事讲得精彩是我们要学习的。

一、如何有效组织案例

讲故事分两种,一种是把一个故事讲好、讲透,另一种是把几个类似的故事组织起来,就像案例中刘媛媛把不同的故事组织起来为"寒门能出贵子"这一主题服务。从案例组织的角度来看,我们要向刘媛媛学习,她在组织案例的过程当中非常聪明,不讲大道理,而是通过几个案例来告诉你某个道理。所以,要学会在演讲中尽量多地选取一些案例,让自己的演讲变得更丰富饱满,而不是自说自话。案例可以是寓言故事、新闻热点、影视素材、文学典故,也可以是自己的成长经验或读过的名人传记、接触过的顾客故事等。案例组织的目的就是学会找到和主题相关的案例去证明你的观点。

二、三幕戏方式分享故事

三幕戏是什么呢？它是故事创作、演讲设计、不断地练习。事实上，好的故事演讲确实非常像戏剧，通过精心策划的剧情，向人们传递信息，给人们带来欢乐，使人们获得启发。比如，漫威的电影大都是这个套路：第一幕，平静的生活却引来了大坏蛋，如怪兽出场；第二幕，大英雄被唤醒，踏上坎坷征途，那个大英雄要来赶走坏蛋；第三幕，大坏蛋被打败，大英雄获得了成长，然后我们拥有了一个完美的大结局，地球又回归了平静，英雄走了。几乎所有的戏剧是这样一个路径。

所以，三幕戏方式分享故事，第一幕就是创造动人的故事，包括标题、关键信息；第二幕就是回答最重要的问题，也就是你在故事中要阐述的鲜明观点；第三幕就是培养救世主般的使命感或者对观点的最终说明。

分享一个案例：

她是一个来自农村的"90后"东北女孩，因为是独生女，父母对她疼爱有加。高考那一年，爸爸从工地的架子上摔了下来，腿摔断了，需要回家静养，以后再也不能够从事这样的工作了，家里唯一的经济来源被切断了。高考结束的她面临了人生的第一次抉择，她渴望上大学，但家里的经济状况又无法让她安心去上学。思虑再三，她决定放弃上大学，她想尽快找一份工作贴补家用。她只身来到北京，寄住在亲戚家，过了三个月寄人篱下的日子。她的第一份工作就是在饭店里当服务员，挣了

1 500元就出去自己租地下室。那时，她每天晚上下班都要路过一条大学街的夜市，很多人会在那里摆摊。于是，她向小商贩打听进货的渠道，自己也开始摆起了地摊。这期间她吃过很多苦，最后在北京拥有了工厂、店面，还赚到了人生的第一桶金，有了属于自己的第一套房，并且把爸妈都接到了北京。凭着自己坚定的信念，她一步步克服了困难，走向了成功。

这就是一个非常不错的三幕戏方式分享的故事：第一幕，平静的生活因为爸爸的受伤而被打破；第二幕，她放弃了求学的经历，开始变成一个北漂族，与生活展开了斗争；第三幕，她最终凭借顽强的信念，赢得了成功。这个故事告诉我们一个道理：只要不认输，人就不会输；即使没上过大学，照样可以过上自己想要的生活。

我们看过的好故事大部分都是这个路径。比如，《我不是药神》里一个被离婚的油腻中年男过着上有老下有小的日子，既顾不上生病需要做手术的爹，又管不了年幼的儿子，想尽办法赚一些不道德的钱，最后他成了一个拥有大爱、愿意为更多人付出和奉献的"药神"角色。又如电影《哪吒之魔童降世》中那个玩世不恭被人称为"魔"的哪吒，最后为了大家的安危，愿意牺牲自己，从而实现魔和神的转换，真正脱胎换骨。

所以，无论是自己的亲身经历还是电影中的好故事，无不是按照三幕式进行的，都能够让人感动并牢记。三幕戏方式有几点注意事项：一是永远主题明确，即你到底要分享什么；二是怎样用生动的表达方式来呈现；三是你的故事能够引发什么样的思考或者行动。

三、故事的画面感和符号运用

想要讲好故事，一定要让故事有画面感和符号的运用。什么叫符号的运用呢？我们来看一个案例，一起来感受一下对于画面细致入微的描写以及符号运用所带来的神奇效果。

《奇葩说》辩手冉高鸣在一次辩论中给大家讲述了他的故事：

我曾经过得非常拮据，父母给我钱，我不要，非要靠自己。我可是做过很多工作的。来，给大家看看我都干过什么活儿。请看！为了挣钱，我在朝阳公园里喷火，喷的是真的火，喷一次80元，我靠喷火一个暑假挣了4 000元。大家知道为什么现在我略显阴柔吗？因为那个暑假，我喷光了我所有的阳气。

来，看我的第二份工作，叫作驯兽。炎炎夏日，我被打扮得像一个东南亚混血，而我的工作非常简单，就是在众目睽睽之下和海狮接吻。23年来，我守身如玉，我一直在想，是哪个禽兽会夺走我的初吻？万万没想到真的是一个禽兽。别的父母来看孩子，只用买一张来北京的车票。我妈来看我，不仅要买车票，还要买一张动物园门票，是不是非常荒唐？

这时候，有人就会讲了，那些吃过的苦都是福分啊，那些吃过的苦才造就了今天的你。就喷火那事还记得吗？喷火怎么造就了我？喷火当天差点火化了我！我现在回想起当年那些经历有什么帮助吗？驯兽让我成长了吗？海狮成长了。更难过的是什么事情？我在前面和海狮跳舞，其实在后面的大屏是我的同班同学，在做实习记者，他衣冠楚楚，我衣不蔽体。

其实，我当时没有去实习的一个重要原因就是实习记者没有工资，可是现在想一想，同样的时间，同样都很辛苦，他好像比我获得了更多有意义的成长。所以，这个时候，如果我们硬着头皮不啃老，以为只是吃了一点苦，但其实我们是牺牲了成长期的时间和精力，燃烧的是自己成长的机会和效率。各位，父母这个时候愿意资助我们，不仅是满足我们现实生活中的钞票，更是为我们更好的未来买了一张门票。

我之前过得很拮据的时候，经常在楼下小饭馆里吃饭，一份8元的蒜蓉西兰花。虽然我吃不饱的，但我在吃的时候有一种奇妙的开心，我就觉得我经济独立了，我终于活成了父母眼中那个别人家的小孩，我可以自己挣钱养活自己了。

之后有一天，我妈来动物园看我，我跟我妈在表演之前相视一笑，我觉得我一定要证明自己，我要让我妈看到我的能耐，她儿子终于可以自己挣钱养活自己了。然后，我就猛喝了一口煤油，我大口地喷火，我拼尽全力地和海狮互动，所有的观众拼命地鼓掌、拼命地尖叫、拼命地笑，我用余光在表演过程当中一直在找，我想跟我妈有一个对视，我想让她看到我的那种骄傲。可是，我找了半天也没有找到她。后来，我发现了她，其实很明显，因为所有的观众里面只有她一个人在哭。

第二天，我收到了两条短信，一条是4 000元的转账，另一条是我妈的消息。妈妈说："别舍不得吃，今天妈请你吃好的，以后你再请回来就行了。"这道题最难过的地方就在于，父母知道了我们过得很拮据不是吗？当我们不要这份钱时，我们成就的好像是所谓的自尊；但我们收下了这份钱，消解的是他们为人父母的那种心痛。

所以，如果给我再来一次的机会，我会在当下立刻回一条短信："好的，妈妈，看来今天晚上除了蒜蓉西兰花，我可以再点一盘红烧肉了，谢谢！"

这个故事的对白中是不是很有画面感呢？而且里面运用的一个符号就是"西兰花"，蒜蓉西兰花代表着他自己的经济独立，他靠自己的本事打拼能获得的状态，那红烧肉就是父母给到的补贴，所以这是一个类比。

四、"三五法则"塑造精彩故事

"三五法则"就是"五何、五感、五修辞"。我们先来看第一部分。"五何"，是指何时、何地、何人、何因、何事。比如，在冉高鸣的故事里，时间、地点、人物、原因、事件全部讲清楚了，这样的呈现方式就是"五何"。如果没有这些基本要素，又如何能打动别人呢？

洛可可创始人、知名设计师贾伟给大家讲了一个自己的故事：

我38岁那年，小女儿不到两岁，还没有桌子高。有一天，孩子说渴了，爷爷去厨房倒了一杯刚烧开的水，为防止孩子被烫伤，爷爷把水放在了桌子中间。结果孩子用的那个水杯有个绳，孩子跳起来把水杯的绳一抻，水便烫到了女儿半张脸和胸部，皮全翻开了。当时女儿惨痛地叫着，我和父亲全傻了，赶紧抱着烫伤的孩子去了北京儿童医院。

医生说孩子最少需要半个月住院治疗，而且要绑着手脚，为了防止感染，家属不能陪同。当时孩子在里面撕心裂肺地喊着爸爸妈妈，我作为一个设计师既心痛又惭愧，觉得天天设计产品，却没有让女儿有一款安全的水杯。带着这份痛，我整整想了两年，最后几百个设计师一起来众创设计自己的杯子，就是那种100℃的水倒进去摇十下就变成了55℃的水。而且我们推出一个宣传口号：送你一杯子，暖你一辈子。不仅不会发生烫伤的事情，还成了女生生理期的姨妈神器。后来，这款杯子演变成了一个温暖的礼物，送给女朋友，送给自己的父母，送给家里的小孩。我也因为这样的产品感恩，觉得原来一个做互联网产品设计的人，也可能用一个杯子温暖这个世界。

在这个故事中，时间、地点、人物、原因、事件都有，整个过程讲得非常清楚，同时调动了听故事人的多种感觉，也就是五感，也就是我们感知信息的视觉、听觉、味觉、嗅觉、触觉。在上述故事中，孩子被绑着手脚，那是触觉；撕心裂肺地哭喊是听觉；脸上被烫成皮肉翻出来的鲜红色是视觉。所以，这些感觉会让听众立刻能够感同身受，听得十分揪心。

所以，在描述故事的时候，要把那些画面细节尽可能多地讲出来，以此来调动听众的五感系统，起到共鸣。

那么，"五修辞"又是什么呢？也就是拟人、比喻、类比、对比、排比，就像《寒门贵子》的案例中，刘媛媛用的排比十分有力。又如，西兰花代表经济独立，红烧肉比喻父母的支持，这就是类比。

所以，"五何、五感、五修辞"是能够让你的故事变得更生动的非常重要的塑造技巧。

重点回顾

故事营销有四种方法。

（1）组织案例：把单个故事讲透、把多个同类故事组合说明一个观点。

（2）三幕戏方式分享故事：引出故事、引起冲突、带来结果。

（3）故事的画面感和符号运用。

（4）"三五法则"塑造精彩故事：五何、五感、五修辞。

第四节　公众演讲

一言之辩重于九鼎之宝，三寸之舌强于百万之师。

——《战国策》

有一个歇后语说得很好，"茶壶里煮饺子——有货倒不出来"。任正非也说，倒不出来的饺子就不是饺子。可见，心中有言、言之有物才是好语言。如果你不会演讲，那么你的人生将是十分耕耘、一分收获；如果你学会了演讲，那么你的人生将是一分耕耘、十分收获。这充分说明了成功很重要，会演讲更重要。成功是自己的，用演讲带动别人，给别人帮助，才是更大的成功。真正的成功是什么？成功的人一定要把自己"肚里有的东西"倒出来，不能做煮饺子的壶。自己成功是小众思维，身体力行使人们得到的榜样作用并不广泛，把成功的经验和高瞻远瞩的战略思维通过语言传播给大众，则会传播得更久远、更广博。

学会公众演讲可以带来很多好处。

演说能销售产品。普通的销售大都是一对一的推销，而公众演说是一对多的推销。而且，公众演说销售更容易跟客户达成销售，因为只要你站在台上，人们就会用学的态度去倾听，更容易建立权威感和信任度。

演说能招来投资人。当你有了好的项目或产品时，当你需要投资时，演说可以帮你打造无懈可击的招商路演的演说稿，并且帮你艺术化处理，让你的演讲有规有矩、有血有肉。

演说能吸引人才。首先你要意识到，人才是吸引来的，而不是招来的。吸引来的人才更具备稳定性和忠诚度。领导者要了解人才，都想要一个美好的未来，我们就要把自己企业的远景、使命通过演说传递到应聘者的心里。创业者要通过他魅力的演说吸引同路人。

演说能凝聚团队、激励团队，能把自己的想法和观念准确无误地表达出来。有一位口才专家曾大胆断言："语言是人生命运的纽带。"西方有一位哲人也认为："世间有一种成就可以使人很快完成伟业，并获得世人的认识，那就是有令人喜悦的说话能力。"看过电视连续剧《亮剑》的朋友应该对男主角李云龙非常熟悉，李云龙三分钟的演讲就能让整个团队士气高涨，这就是一种领导力！企业家和创业者必须学会用一种理念、愿景和使命来打造一支团队，用思想凝聚人，用文化留住人，持续不断地宣传自己的梦想，用梦想打造一支团队，再用这支团队去实现这个梦想。

我们再来看一个案例：

林肯是世界闻名的大演讲家，他的成功在于他从青少年时代就刻苦练习演讲口才，并做到了多看、多听。他年轻时当过农民、伐木工人、店员、邮电员以及土地测量员等。为了成为一名律师，他常常徒步近 50 千米到一个法院去听律师们的辩护词，看他们如何辩论、如何做手势。他一边倾听那些政治家、演说家声若洪钟、慷慨激昂的演说，一边模仿着他们。经过反复地练习演讲，林肯终于成为一名雄辩的律师并最终踏入政界。

每个人都需要掌握公众演讲的技能，因为这是一项必备的技能。随着社会的发展，各个领域的竞争日趋激烈，口才、演讲无疑是每个人追求成功、提高生活品质的一种不可替代的强力武器。谁都希望自己能谈笑风生、能言善辩。纵观古今中外，口才是一切优秀人才必备的重要素质，在现代社会更是必备的重要能力之一。

很多人都不太会演讲，也不太喜欢演讲，因为总是感觉演讲很难，对于自己是一个挑战。但是，如果在工作、学习上真正想要演讲，我们应如何应对呢？怎样才能让自己的演讲更加吸引人呢？

一、巧用开场白

公众演讲是否成功和很多因素有关，但一个好的开场白却是迅速拉近与听众距离的最有效的方法。就像一部好电影前十分钟如果无法吸引人，就有可能被人嫌弃一样，好的开场白能够让听众马上对你的演讲产生兴趣。具体都有哪些呢？

1.让听众带着问题听演讲

我们知道，演讲与发言不同，是一个双向的过程。讲师需要与观众互动来推进内容。为了达到双向的效果，除了眼神交流之外，我们还需要更多的反馈。演讲者在一开始就抛出问题，请听众和自己一起思考，听众带着问题听演讲，将大大增加他们对演讲内容认识的深度和广度。比如，将一个问题抛向观众："大家好，在正式开场前，我想先问大家一个小小的问题。"经常以这样的句式开场，可以让观众将注意力快速集中到问题上，进入听课的状态。如果你的话题比较新颖，那么不妨开门见山，直接进入演讲的主题，避免出现无聊的寒暄和啰唆的引子，这样不仅可以节约大家的宝贵时间，而且还能牢牢抓住听众的注意力。

2.用新奇小故事作为开场白

用情节生动、内容新奇的故事作为演讲的开场白，吸引听众的关注。如果你是一个讲笑话的高手，那么不妨一上台先讲一个故事或笑话，以便调节一下气氛。当然，要避免低级的或贬低人的笑话。有时讲自己的蠢事，可能效果更好。新东方创始人俞敏洪就是讲故事的高手。他曾说："我觉得人类最重要的能力，其实就是编一个你认为能够实现的故事，并且有益于所有人的故事。"所以，在每次演讲中，无论是开场还是中间，他都会分享很多精彩的故事。如果选用故事作为开场白，则要求故事有典型性。典型的故事不仅能将演讲者的观点、情感、思想不动声色地融入故事里，而且能将听众引入一种忘我或共鸣的境界，有利于他们更好地接受演讲主题。需要注意，故事要短小精悍，有针对性，故事内容要为演讲主题做铺垫，要与主题密切相关。

3. 借热点进行开场

演讲开篇可以借用最近社会的热点事件和新闻，能够引起听众的高度注意。选择热门事件，大家可以借助百度搜索风云榜或热搜等榜单来进行选择。但是，之前一定要结合自身的推广诉求，推广的品牌、平台、产品等来类推。我们要尽量选择那些能够引起人们深刻情绪反应的热门事件，如爱国、同情、嫉妒、恐慌、危机感等。用热点开场，需要我们平时多关注新闻事件，将新闻事件与自己和身边人联系在一起，可以引起共鸣。但运用这种方式开场需要注意两点：一是热点内容必须真实可靠，切忌道听途说；二是热点要热，千万别拿几年前的事来当热点说，这样会让人觉得老掉牙。所有的事情都讲究一条底线，不是所有的话题都适合追热点，不是所有的热点都可以消费，有些话题就不要轻易触碰，如政治话题、灾难话题等。

4. 借用道具进行开场

演讲一开场，可以用一张照片、一幅画或者一件有关联性的物品进行展示，也能起到不错的效果。

有一次，陶行知先生在武汉大学演讲。只见他走上讲台后并不立即开始，而是不慌不忙地从箱子里拿出一只大公鸡抱在手上。在台下听众的惊愕中，陶先生从容不迫地掏出一把米放在桌上，然后按住公鸡的头，强迫它吃米，可是大公鸡只叫不吃。他强行掰开公鸡的嘴，把米硬往它的嘴里塞。结果，大公鸡拼命挣扎，还是不肯吃。这时，陶先生轻轻地松开手，把鸡放在桌上，自己向后退了几步。慢慢地，大公鸡就主动吃了起来。接着，陶先生开始了演讲：教育就跟喂鸡一样。先生强迫学生去学习，把知识硬灌给他，他是不情愿学的。即使学也食而不化，过不了多久，他还是会把知识还给先生的。但是，如果让他自由地学习，充分发挥他的主观能动性，那效果一定会好得多！教育是教与学的双向互动活动，既需要老师的循循善诱和悉心指导，又需要学生的主动参与和积极思考。作为平民教育家，陶先生不强迫听众接受他的观点，而是当场演示生活中常见的"喂鸡"这一行为，于无声中巧妙地传达出一个抽象的道理：教育重在发挥学生学习的主观能动性。陶先生正是利用喂鸡这一鲜活的事例，寓意深刻地强化主题，让自己的演讲赢得了台下的一片掌声。

5. 幽默自嘲式的开场

我想大家一定都听过一些枯燥、无聊、让人无精打采的演讲，不仅内容平淡，还缺乏笑料、亮点。如何让这样一场枯燥无聊的演讲变得生动有趣、令人印象深刻呢？在演讲中使用幽默就是一个很好的技巧。幽默是一种智慧，看似意料之外，却在情理之中；幽默是一项语言能力，让人捧腹后品味到语言的独特魅力。但是，在决定使用多少幽默和其类型之前，你必须考虑好自己的风格。有些人具有幽默天赋，即使是最蹩脚的笑料，他们也能通过安排字与字之间的停顿使之变得十分搞笑。而有些人明明说的是非常好笑的笑料，大家却觉得并不好笑。用幽默诙谐的语言作为演讲的开场白，能使听众在轻松愉快的氛围里很快进入角色。

其实，开场白没有固定的公式，因人而异，因事而异，因场地而异。无论用哪种方法，能吸引听众的开场白就是好的开场白。

二、明确自己的演讲目的

人们的任何社会实践活动都有明确的目的，其功利性是非常鲜明的。由于演讲活动是演讲者与听众的双边活动，所以，演讲的目的就分别体现为演讲者演讲的目的和听众听演讲的目的。

优秀的演讲者知道，如果自己讲多了，听众根本就记不住。所以，他演讲的目的很简单：让听众记住一件事——印象深刻地记住它。即使离开了会场，睡了一觉，甚至过了三五年之后，仍然会深刻地记着它，并不断跟他认识的人提起这件事。这才是演讲的目的。

你的发言是为了传授知识，下达通知、指令、决策，还是说服你的听众，让他们思考、反省、采取行动……只有明确了你的演讲目的，你才能去"设计"你的演讲内容和重点。

当你听完某些演讲时你会发现，对方虽然讲了很多内容，甚至辞藻华丽，却不知道他到底想表达什么。

演讲的目的实质上也就是演讲的社会目的，大概分为宣传观点、变革社会和表达感情这三个方面。

演讲无论是宣传自己的观点主张、传播道德伦理，还是传授科学文化知识和技艺，都是为了让听众同意自己的主张、观点和立场，以取得共识，并在此基础上激发听众的实际行动，向着理想境界迈进。美国总统林肯对于解放黑奴的演讲，目的就是动员美国人民为解放黑奴、废除奴隶制而斗争；乔布斯对于苹果的发布演讲，是为了推广产品的同时传达一个好的品牌可以改变世界，以达到在整个电子产品制造业起到领军作用的目的。一句话，通过台上几十分钟的演讲，让现场的几千人焕发出力量，这种力量可以直接产生几千万元的产值。这就是一个演说者真正的目的。

不论哪种目的，都要求演说者就自己想要达到的目的提前做好演说稿的安排和规划。

建立一个自己的提问清单，回答自己以下三个问题。

1. 我为什么要做这个演讲

演讲最常见的目的有六种：告知、说服、激励、娱乐、传播、教育。达成它们的难度从低到高，告知是最容易的，教育是最难的。但你只要意识到了，它就能指导你的行动。

2. 听众是谁，听众关心什么，听众要什么

针对不对的用户，提前准备符合其口味的演讲内容，精确人群的画像，用熟悉的语言模式、词汇、事物，激发具体的人群产生共鸣。比如，听众是市民，他要的就是安全、财富、健康和希望；听众是年轻妈妈，其诉求就是孩子的健康和成长；听众是创业者，其诉求就是企业的成功路径和方法论。

3. 我通过这个演讲能让听众做什么

也就是让听众记住你的内容，哪怕只是一句话。在这里，我引用一位前辈的话："我之所以成为演说家，目的只有一个，因为别人帮助我成功，我要把这份爱传递出去，去帮助更多人。我不想成为亿万富翁，我不想演讲，不想开劳斯莱斯；只是因为我的学生想，是别人需要，所以

我就要先做到。曾经我创业的时候，只吃三样东西——白吐丝面包、方便面、矿泉水，一套西服从冬天穿到夏天，从夏天穿到冬天。我把赚来的所有钱用于投资自己的脑袋，让我今天能站到这里演讲。我是为了帮助别人，而不是成就自己。所以我的生命中没有竞争对手，有的只是朋友。我的目标不是超越别人，而是激励所有人。我的目标不是成为第一，而是教别人成为第一。全天下所有的人都可以学我的课程，包括同行，包括竞争对手，因为我的课是为了帮助别人，而不是把别人比下去。"

三、与众不同的自我风格

演讲风格因人而异，有人严肃，有人风趣，有人端庄，有人活泼，有人刻板，有人幽默。演讲是否精彩，不同的场景有不同的评价标准，无论这个评价标准有多不同，唯一可以解释的就是每个成功的演讲者都具有自己独特的、与众不同的风格。全世界的树叶有千千万，却没有两片叶子是完全相同的；全世界有六十多亿人口，也没有完全相同的两个人，大家都有自己的个性和特点。我们应该树立这样的观念：寻找自己独特的个性，让自己与众不同。演讲也是如此。刚开始练习演讲的时候，我们努力学习成功演讲者的演讲方式，努力模仿他们，但我们不会完全模仿他们，更不会永远模仿他们。几十亿人都有两只眼睛、一张嘴巴、两只手，但没有一个人跟我们完全相同。我们的性格、思想和个性更不会与人相同。这就是我们最宝贵的财富，抓住它，珍惜它，发挥它，它将在演讲中发挥巨大的力量，让我们的演讲与众不同。

这是一个崇尚个性的年代,你的说话风格也应该与众不同。如果每个人的风格都一样,这个世界就未免太乏味了。生活中常有这样的人,他们是真正的"人云亦云"。别人慷慨激昂,他也跟着粗声大气;别人抑扬顿挫,他也跟着拿腔拿调,全然不顾自身的条件。这样做的结果是,画虎不成反类犬,东施效颦反而惹来笑声一片。

那么,我们应该如何打造个人风格呢?在演讲中,我总结了三种风格的演讲。

1.对事物持支持态度的演讲者

这类演讲者在提出某个话题或观点时会引经据典,能将每个话题都上升到理论的高度,举出各种例子来说明它的道理和合理性。在说明的同时,可能也会采取现场实践的方式来激发大家的兴趣和参与度。

2.对各种事物采取批判态度的演讲者

这类演讲者的演讲风格与第一类演讲者大不相同,他们通常假定人性都是非善的,他们会根据自身的经历和总结,尽现现实的残酷和本质。在演讲的同时甚至采取调侃的态度,更以调侃和从容不迫的心态去面对周围的一切事物。所以,相对于第一种风格的演讲者来说,他们表达或传递出的思想和方式倾向于从理论的高度回归到现实的角度。

3.保持中立,对一些事情保持客观真实

这类演讲者的风格以保持平稳的态度开始,并时刻展现客观、坦诚的一面。更重要的是,他们会从对方的角度来分析,分析问题存在的本质和对方的真实需求,并从问题的切入口给对方完整的参考和经验的传递。这类演讲者一般比较成熟，既能看到自己的立场，又能兼顾别人的价值，并且能用大量的事实来佐证观点。

4.在演讲状态上打造自己的独特风格

比如，演讲有严谨的学者型、风趣的拉家常型、激昂的打鸡血型等，选择一个适合自己性格和职业的演讲风格，让人们一看到你演讲就能联想到你的职业。比如，有一个小伙子是学播音的，因为天生一副播音腔，以此形成了他独特的演讲风格，那就是他独有的声音魅力。

四、"一二三四五法则"

演讲中，讲故事也要运用"一二三四五法则"。

1.一个故事

每个小节讲一到三个故事，演讲就是讲故事，故事一定要既新颖又有趣，让听众发出赞叹的声音。

2.自己的故事和别人的故事

有一个别人的故事，有一个自己的故事。别人的故事可以扩大听众的想象力，自己的故事则是最感人的。

3.黄金三点论

这是演讲时最常用的一种方法，是一套快速地把一些理念整理出一套逻辑的技巧，可使文字表达方面清晰、有条理，同时框架组织性强。

时间：过去、现在、未来；初期、中期、后期；第一个十年，第二个十年，第三个十年。

地点：家中、公司、市场。

人物：自己、对方、第三者；买方、卖方、中间人；上司、自己、下级等。

其他方面：结果、因素、现象；生理、心理、情绪；准备、执行、检讨等。

所谓三点论，就是在表达某项见解时只讲三点，而且快速构思出三点来表达。事实上，如果我们只讲一两点，有时可能显得我们水平不够；而我们如果讲四点以上，那么听众也很难记得清晰。实践表明：只讲三点效果最好。

4.讲故事的四个要点

一是故事对应主题；二是故事新鲜新颖；三是不讲经不起推敲的、胡编乱造的故事；四是讲故事后要善于分析故事。

5.演讲的故事分类

演讲的故事一般可以分为五大类。

（1）讲名人的故事。

（2）讲自己的故事。

（3）讲顾客的故事。

（4）讲社会热点故事。

（5）讲经典寓言故事。

五、先感动自己，再打动别人

演讲首先应该有话要讲，如果是为了切合主题而被迫说一些自己都不认同的话，怎么可能感染听众？试问：自己都打动不了，怎么打动别人？

然而，现在仍然有人对演讲还不充分了解的情况下就匆匆上台，把演讲等同于朗诵，通篇不是慷慨激昂就是抒情绵绵，甚至运用一些夸张的动作，这样引来的是听众的笑场，让人摸不到头脑或起一身鸡皮疙瘩，甚至有人觉得这就是演讲要达到的效果。

我个人认为，真正好的演讲或是激情或是深沉，让听众被深深地感染，跟着情绪起伏，都应该是自然的感情流露，应该是情感的水到渠成，而不是故意提高八度的嗓音或硬挤出来的几滴泪水。真正好的演讲还应该有一个好的演讲内容，内容既有深度又有温度。这些来自平时的积累和切实感悟，来自演讲者对周围事物敏锐的洞察力和观察力。有感而发、有情可抒才能成就一次成功的演讲。也就是先让自己感动，才能打动别人。因此，在登台之前须反躬自问：自己的真情在哪里？

在用情感人的演讲中，一定要注意以下几点。

（1）有恣意流露的率真，刻意雕饰只会弄巧成拙。表达真情固然可以借助词彩，但也要脱口而出，仿佛从心里流淌出来似的。

（2）有深沉的蕴含。演讲人的感情有底蕴才有力度，否则即使是真情也会由于浅薄的表达而显得轻飘无力。

（3）有充分的内心依据。只有揭示出感情的内心依据，传达出情感世界的微妙之处，才能给人以"真"的感觉。

（4）有强烈的个人色彩。感情是最富有"个人性"的，是无法模仿的。有的演讲不能动人，就是因为演讲者所表达的感情是"学"来的，而不是他自己的，让人感到似曾相识。

（5）要让真情在字里行间不时地流露出来。一个词语、一句话、一个句群或几个段落，都可以带有爱憎情绪和褒贬意味。不要为了"感动"而编造故事情节欺骗听众，因为真情造不了假。

重点回顾

公众演讲包括五个方面。

（1）巧用开场白：提问式开场、用小故事开场、借热点开场、借道具开场、幽默自嘲式开场。

（2）想好自己的演讲目的：我为什么讲、听众是谁、讲完带给听众什么。

（3）与众不同的自我风格：支持的态度、批判的态度、中立的态度、状态上的自我风格。

（4）"一二三四五法则"：一个故事、自己的故事和别人的故事、黄金三点论、讲故事的四个要点、演讲的故事分类。

（5）先感动自己，再打动别人：真情流露、意味深远、强烈的个人感情色彩。